ユーロ対ドル

アメリカ単独行動主義とその破綻の構造

相沢幸悦

駿河台出版社

はじめに

国連決議もなく、世界中の大反対をおしきって2003年3月20日に米英がはじめたイラク攻撃は軍事的にはとりあえず大成功に終わった。1990年代初頭に東西冷戦が終結し、その後、未曾有の好景気を謳歌し、世界に比類なき軍事力と軍事技術を有するにいたったアメリカが勝利するのはあたりまえのことである。国際法違反の戦争に国際社会が傍観せざるをえなかったのをいいことに、アメリカは、中東諸国ばかりか世界中にアメリカ的価値観を普及するのがみずからの歴史的使命だとばかりにふるまいつつある。だが、イラク統治の失敗によりそれは、完全に破綻した。

そもそも、ひとびとには、法を犯さないかぎり自由に生きる権利があると同様に、国家にも国際法を遵守すれば自由に体制を選択する権利があるはずである。グローバリズムの名のもとに市場原理主義を世界におしつけてアメリカ金融資本に膨大な利益を確保させ、テロに対する先制攻撃と称して主権国家を転覆し、親米政権を樹立していくというのでは、これから反米感情が燎原（りょうげん）の火のごとく世界をおおいつくしていくだろう。憎悪の連鎖が増幅され、テロと対テロ戦争の血みどろの戦いがくりかえされる。

ここで、声高に主張したいのは、この強大なアメリカ軍事力の背景にある経済的基盤がはたして磐石（ばんじゃく）なものなのか、本当は「張子の虎」ではないのかということである。第二次大戦後、東西冷戦体制のもとでアメリカが最先端の軍事技術をにない、日独が重化学工業・消費財生産を担当した。アメリカが最先端の軍事技術開発に全力を投入できたのは、ヨーロッパに旧西ドイツ、アジアに日本があったからである。だから、体制自体の非効率性を別にすれば、日独に類する国々をもたなかった旧ソ連が崩壊したのである。

これをささえた通貨システムがＩＭＦ体制であった。金１オンス＝35ドルで対外国通貨当局と交換するというシステムであるが、これは、まさにアメリカでは「紙切れ」にすぎない不換通貨ドルを金に擬制するものであって、アメリカは、西側社会に金と「等価」のドルをばらまいて西側経済の高度成長を実現した。そのおかげで日独が高い経済成長を享受できた。このシステムは、１９７１年の金とドルの交換停止によって崩壊した。だが、まだ冷戦がつづいていたので日独はなんとしてもドルの価値をささえつづけなければならなかった。

ドルが基準通貨（為替相場の基準となる）、介入通貨（為替相場の介入に使用される）、準備通貨（外貨準備として保有される）という機能をもつ基軸通貨であるということは、アメリカだけが国際収支の均衡努力から免れているということを意味している。国内通貨と国際通貨が一致しているからである。基軸通貨国アメリカ以外の国は、輸出によって調達した外貨で外国から財やサービスを購入しなければならない。したがって、輸出額以上にむやみに輸入できない。それに対して、自国の通貨を世界が喜んで受け取ってくれるのであるから、アメリカは、いくらでも外国から財やサービスを購入でき、貿易収支均衡に無頓着でいられる。しかも、「無価値」のドルで価値のある財やサービスの購入ができる。これが通貨発行特権（シニョリッジ）あるいは基軸通貨特権といわれるものである。

その結果、アメリカの財・サービスの経常収支赤字は激増してきた。国際収支を均衡させるために借金証文であるアメリカ国債を世界におしつけた。さらに、世界から膨大な資金を株式市場に吸収して株式バブルを演出し、１９９０年代に戦後まれにみる好景気を実現した。国民が消費を拡大して景気が高揚したので、日欧からの輸入が激増した。かくして、アメリカの経常収支赤字5000億ドル、世界への借金残高1・5兆ドルあまりにもたっした。

このような事態をみこして、フランス主導のEUは、1990年代初頭にユーロ導入を決定し、99年には本当に通貨統合を実現してしまった。その直接的契機は、ドル暴落の危険性を回避するために逃避通貨あるいはヘッジ通貨をつくりだすこと、世界から投資資金をひきつけてヨーロッパ経済の活性化をはかることにあったが、フランスのかくされた野望は、「紙切れ」で世界から財やサービスを購入できる基軸通貨特権をドルから奪い取ることにあった。

湾岸戦争とイラク攻撃の決定的なちがいは、欧州通貨統合が実現していたか、そうではなかったかというところにある。アメリカ単独でイラク攻撃をおこなって膨大な資金を投入し、経常収支赤字ばかりか、財政赤字が膨大なものになれば、金利上昇による景気の悪化とドル暴落の危険性がますます高まる。その結果、世界の資金がドルからユーロに大挙して移動する。イラク攻撃をめぐる国連安全保障理事会での米仏のかけひきにおいて、国際法遵守とか戦争反対とかはそれほど重要なことではなかった。

アメリカの直接の動機は、石油利権の獲得とともに軍事的優位と軍事産業の利益確保であったが、その本質は、フランスとアメリカの基軸通貨特権の争奪戦というところにあった。現代経済では、金の裏づけをかいた基軸通貨の最大の流通根拠は強大な軍事力である。したがって、アメリカはドルを従前どおり、世界で基軸通貨として流通させるために、世界を軍事的に支配下におかなければならないのである。そうしなければ、アメリカ国民の消費財を確保できない。消費財産業では国際競争力がないので、輸出によってユーロなどの外貨はかせげない。輸入品をドルではなくユーロで支払えといわれたとたんに、アメリカ国民は消費を急激に縮小しなければならなくなり、経済は「恐慌」状態におちいる。

だから、アメリカは、どうしても武力でもってドルをうけとらせなければならないのである。金との兌換をたたれた不換紙幣が主権国家のなかで流通するのは、国家権力によって強制通用力を付与されているからである。うけとらなければ罰せられる。逃げたら国家権力たる警察がつかまえにくる。ところが、世界のすべてのひとびとに直接適用される法律はない。それを破ってもつかまえにくる国際警察がいないからである。だから、ドルを世界がうけとらなくても誰にも罰せられないし、つかまらない。世界貨幣が経済的に実際に価値をもつ金でなければならないというゆえんである。要は、イラク攻撃というのは、アメリカが世界の警察の役割をはたすことをむりやり各国に認めさせれば、ドルが世界の基軸通貨としていままでどおりつかわれるにちがいないと考えたアメリカの暴挙なのである。

いまはまさに中国三国史にも似た時代のような気がする。強大な軍事力を有するアメリカが魏であり、それに刃向かうＥＵ（欧州連合）が呉であるが、残念ながら蜀はまだない。劉備玄徳と並び称されるような人格高潔な宰相はいないし、なによりも諸葛孔明に匹敵する天才軍師がいない。しかし、世界史の現段階において、日本は、とりあえず呉（ＥＵ）と協力し、強大な軍事力を有する魏（アメリカ帝国）をおさえなければならない。いずれ蜀（アジア共同体）が建国されれば、ここに「天下三分の計」が成立し、アメリカの身勝手な行動が抑制される。イラク攻撃をめぐる独仏との対立でついにその端緒がひらかれた。

さもなければ、アメリカは、経済的には市場原理主義、政治的には単独行動主義・一国主義、軍事的にはブッシュ・ドクトリン（先制攻撃）を世界におしつけることで、貧富の差がますます拡大するとともに、世界で先制攻撃戦争と報復テロ攻撃の嵐に見舞われるだろう。

１９９０年代初頭に冷戦が終結し、ひとびとは、21世紀にこそ地球環境・すべての生き物と共生でき、平和で真に豊かな人間社会が到来することを夢みたはずである。われわれのこれからの行動指針は、２００３年3月20日を「アメリカ単独行動主義の崩壊がはじまった日」と後世の歴史家に記述させるものでなければならない。イラク戦争の失敗でそれは、現実のものになりつつある。

本書は、欧州通貨統合が実現してしばらくは低迷していたユーロが、２０００年初頭のアメリカのネットバブルの崩壊、アメリカ単独行動主義に対する世界的なきびしい批判のなかで、ドルと並ぶ国際通貨に台頭しつつあるということを具体的な数字をもってあきらかにしようとするものである。そうした考察をとおして、北朝鮮問題でお世話になるから、国際法上おかしいけれども日本はイラク攻撃を支持するなどという、民族の誇りをかなぐりすてるようなアメリカ追随をやめて、しっかりと自立しなければならないということをあきらかにする。したがって、日本は、ＥＵ（欧州連合）に匹敵するようなアジア共同体結成に全力を投入しなければならないと思う。

本書は、駿河台出版社の創立50周年記念出版として企画されたものである。本書が記念出版物としての価値があるかどうかは、読者諸賢のご判断におまかせするしかないが、同時多発テロとアメリカのイラク攻撃を契機に、世界の政治・軍事・経済・社会システムが根本的に転換しようとするまさにそのときに、このようなテーマで執筆させていただいたことは望外の喜びである。駿河台出版社社長の井田洋二氏と企画編集部の石田和男氏に対して深くお礼を申し上げたい。

二〇〇三年十月五日

相沢幸悦

目次

第一章
アメリカはなぜイラク単独攻撃にふみきったか

2003年3月20日、アメリカは、イギリスとともにイラク攻撃を開始した。事実上の単独攻撃である。この単独攻撃をめぐって、フランスは、国連安全保障理事会(安保理)において熾烈な外交を展開した。フランスは、イラクが大量破壊兵器を隠しもっているかどうかの調査を国連査察団にまかせるべきである、という立場を最後まで堅持した。結局、アメリカは、国連の甘っちょろい査察などでは大量破壊兵器をみつけることができないとして、フセイン政権をうちたおして、みずからがみつけだすべく武力攻撃にふみきった。

国連憲章では、武力行使が認められるのは、攻撃を受けた国が自衛権を発動する場合と国連安保理が国際平和の維持に必要であると認めた場合だけである。アメリカは、湾岸戦争当時のイラク制裁決議や前年の国連決議で十分であるとした。しかし、国際法上、かなり無理のあることなので、アメリカは、イラク攻撃にさいして新たな国連決議を要請した。しかし、国連安保理では反対が多く決議を採択するのが不可能とみるや、従来の国連決議を自分に都合のいいように解釈して、3月20日、強引にイラク攻撃を開始した。

なぜ、アメリカは、国際世論の大反対をおしきって国際法違反のイラク攻撃をおこなったのであろうか。4月にはいると砂嵐がはじまり、夏まで戦争がながびくと気温が40度以上にもたっし、戦争にならないからだといわれた。また、すでに、空母をはじめとする大艦隊と海兵隊、歩兵部隊をイラク周辺に派遣し、戦争準備をしていたので、早く戦争をしないと軍の士気にかかわるし、経費がかかってしかたがないからだともいわれた。

しかしながら、これらはさほど大きな理由ではないだろう。そもそも、軍隊というのはどんな環境のもとでも勝利することが義務づけられているし、ましてや国家による「消費」拡大で景気のてこいれしようという目的もこの戦争にあるので、経費がかかるというのはかえって「消費」拡大につながるからである。アメリカがイラク攻撃を急いだ最大の理由は、国連査察団に査察をつづけさせて結局、大量破壊兵器は存在しないという結論にいたったら、イラク攻撃そのものをおこなう大義名分がなくなってしまうことにあった。

当初、アメリカは、「テロ支援国家イラク」からテロリストに大量破壊兵器がわたる前に攻撃をするという大義名分を前面におしだした。イラクが大量破壊兵器をもっているということを根拠づけるために、アメリカもイギリスも情報の操作までおこなわざるをえなかった。大量破壊兵器がすでに外国に移送されたり、隠蔽や破壊がなされており発見できないことを知っていたからであろう。したがって、イラク攻撃が秒読みの段階にいたると、戦争の大義名分をフセイン政権の圧政からイラク国民を解放する戦争というものにすりかえたのである。すなわち「イラクの自由作戦」と。その瞬間から、首の皮一枚つながっていたはずの国連決議にもとづくイラク攻撃という正当性が完全にうしなわれ、アメリカによるイラク攻撃は、国連憲章違反の「侵略戦争」となった。

アメリカはなぜ、圧倒的な国際世論を敵に回し、「侵略者」の汚名をあえて甘受してまでイラク攻撃にふみきったのであろうか。その本質は、１９９９年に登場したユーロに国際基軸通貨の地位を奪われまいとして、世界にアメリカ・ドルを強制的にうけとらせるべく、世界をアメリカの軍事支配下におく突破口とするためであった。そのきっかけとなったのは、ここであきらかにするように、アメリカのおかれた複雑な政治的・経済的事情である。大反対した多くのヨーロッパ諸国にもさまざまな事情があった。

Ⅰ．単独攻撃の大義名分

(1) 同時多発テロとアフガン攻撃

同時多発テロ

革命と戦争という血なまぐさい20世紀末に東西冷戦が終結し、多くのひとびとは21世紀には、平和で本当に豊かな世界が実現することを期待した。しかしながら、こうした淡い期待は、２００１年9月11日に発生したアメリカでの同時多発テロによって木っ端みじんにうちくだかれてしまった。

アメリカのＦＢＩやＣＩＡは、同時多発テロの兆候を事前に把握していたといわれている。それにもかかわらず、十分な対応策をとらなかったと批判された。もしそうだとしても真相は永遠にあきらかにはならないだろうが、そもそも同時に何機もハイジャックにあうことなど通常では考えられないことである。本来、警察・情報当局にとって、このようなテロリストの行動を監視し、テロを事前に防止するのが最大の任務のはずである。

本当なら、あれだけの甚大な被害をうけた同時多発テロを未然にふせげなかった警察・情報当局の責任がきびしくとわれなければならない。また、テロリストを簡単に何機もの飛行機にほぼ同時に乗せてしまった空港の管理責任者の責任追及がおこなわれなければならないはずである。しかしながら、これら関係者の責任はほとんど不問にふされ、あれだけの犠牲者をだしても政府はまったく責任をとるという姿勢すらみられなかった。これは法治国家においてあるまじき出来事である。

アメリカ本土を「爆撃」されたのははじめてだということで国民は怒りに震えた。この怒りを、テロを未然に防げなかった責任をとわれるはずのアメリカ政府関係者が徹底的に利用した。「これはテロではなく戦争だ」として、国民の怒りをテロリストに向けさせることに成功した。

太平洋戦争のはじまりである日本軍の真珠湾攻撃だってハワイであって、本土ではなかったという声がわきあがった。日本による真珠湾攻撃でアメリカ世論が一気に第二次大戦への参戦に傾いたことが想起される。こうして、同時多発テロを契機にしてアメリカは、かねてからねらいをつけていたアフガン戦争に一気になだれこむことができた。同時多発テロの黒幕は、テロリストを支援しているオサマ・ビンラディンであり、それをかくまっているのがアフガニスタンのタリバン政権だという理屈である。

ほぼ同時に何機もの民間機がハイジャックされるのを未然にふせぐことができなかったのに、同時多発テロが生ずると、ＦＢＩやＣＩＡは、これらのテロリストの黒幕はビンラディンだと発表した。そこまで調べがついているのであれば、どうしてハイジャックを未然にふせげなかったのか不思議である。テロ対策というのは、テロリストに対する徹底的な調査と、テロに遭遇しそうな施設などの十分すぎるほどの警備以外にはない。それができなかった責任が問われないというのはどうしても納得できない。

アフガン攻撃の開始

こうしてアメリカは、対テロ戦争に突入したのである。タリバン政権がビンラディン率いるテロ組織アルカイダを支援してきたことは、さまざまな状況証拠であきらかである。

もちろん、タリバン政権がアフガニスタンを事実上支配しているだけで、本来の主権国家ということはできないかもしれない。とはいえ、状況証拠だけで事実上の主権国家を軍事攻撃してよいという理屈はなりたたない。

それでも、アメリカは、テロの撲滅という大義名分を前面にかかげて2001年10月7日にアフガン攻撃を断行した。このときの攻撃は、ヨーロッパ諸国やロシアなどが支持し実際に戦闘に参加した。日本もテロ対策特別措置法を緊急に成立させて、憲法の範囲内で自衛隊がアメリカ軍などの後方支援をおこなった。なぜ、多くの国がこのときのアフガン攻撃を支持し、参加したのであろうか。

それは、ヨーロッパ諸国が長きにわたってテロリストとの戦いをつづけてきたからである。タリバン政権がテロリスト支援をおこなってきたのはあきらかであるし、超大国アメリカの本土が攻撃されたのであるから、少しでもテロの脅威を軽減できるのであれば、それは、国際的安全のために好ましいことであると判断したからであろう。

このアフガン攻撃にもっとも積極的に協力したのはロシアである。ロシアは、アメリカとの関係を良好にして、みずからの経済の成長をはかっていこうとしていたからであった。しかし、もうひとつの理由がアメリカとロシアの利害を一致させた。アメリカにとって、安価で大量の石油を安定的に確保するために行動するというのが基本的な国家戦略である。ロシアは、中央アジアからカスピ海にいたる石油や天然ガスをはこぶパイプラインの建設でアメリカとはりあっていた。

アメリカは、同時多発テロによって中東への石油依存政策の転換をせまられた結果、中央アジア、ロシア、カスピ海の石油資源をロシアと共同で開発することを画策した。これらの石油地帯からパイプラインをつかってアフガニスタンを経由して運ぶということで、アメリカとロシアの利害が一致した。

このような理由から、アフガニスタン攻撃が国際的な批判をほとんどうけることなく順調にすすんだことが、アメリカの世界戦略にはだれも反対しないという根拠のない過信につながった。大言壮語したわりには、標的のはずのビンラディンはいっこうにつかまらないし、アルカイダを完全に壊滅できなかったが、じきに首都を制圧してアフガン攻撃をいちおう終結させ、アフガニスタンに暫定政権を成立させた。世界最強の軍事力を有するにいたったアメリカがアフガニスタン平定にもたついたら国家の威信にかかわるからであろう。

タリバンが壊滅したわけではないので、アフガニスタンに駐留するアメリカ軍や暫定政権軍へのテロは頻発しており、暫定政権は、首都と一部の都市しか支配していない。アフガン攻撃がアメリカの勝利で終結したはずなのに、本当はアフガン全土の制圧にこれから5年から10年かかるとなったら、結局、ビンラディン一人つかまえられないアメリカも大したことがないとなってしまう。

そこで、アメリカは、アフガン攻撃の帰結から国際世論の目をそらし、中東石油の安定的確保とイスラエル擁護のために、つぎの戦争を画策しなければならなかった。アフガン攻撃で大量のハイテク兵器を使用したので、その補充には1年程度かかる。そこで、2002年1月に「悪の枢軸」をぶちあげて、半ばになるといよいよイラク攻撃の国際的世論を醸成しようとした。

「悪の枢軸」トリオは、イラクとイラン、北朝鮮であるが、イラクとイランは、中東石油地帯をアメリカの支配下におくという「悲願」にとって絶好の攻撃対象である。さらに、アメリカが中東を「平定」できれば、どれだけ国連決議をふみにじっても、どんなに中東で傍若無人な行動をとってもアメリカが黙認してきたイスラエルが安泰になる。イスラエルに土地を返せと声高にさけぶひとびともいなくなる。

(2) イラク攻撃の根拠

「悪の枢軸」と先制攻撃

アメリカの世界戦略がブッシュ政権になって大きく転換した背景には、アメリカ型民主主義を世界に広めようとする新保守主義(ネオコン)という考え方がある。この考え方が同時多発テロを契機にしてブッシュ政権の世界戦略の前面にでることになった。それは、アフガン攻撃が国際世論の支持のもとに大成功したことに触発されたものである。

ブッシュ大統領は、ネオコンの考えかたにもとづいて2002年1月にイラク、イラン、北朝鮮を「悪の枢軸」ときめつける発言をおこない、イラク戦争の準備をはじめた。国際テロリストを支援し世界を危険な状態におとしめるこれらの国は、冷戦時代の旧ソ連が「悪の帝国」、第二次大戦のファシズム・軍国主義国たる日本、ドイツ、イタリアが「枢軸国」で、それらに匹敵する「悪の枢軸」というわけである。これらの国々は従来、アメリカから「ならず者国家」とよばれていたので、まさに殲滅の対象に「格上げ」されたのである。

かくして、ブッシュ大統領は、２００２年６月１日にウエストポイント陸軍士官学校の卒業式でいわゆるブッシュ・ドクトリンをあきらかにした。それを集大成したものが国家安全保障戦略で、核心は先制攻撃論にある。冷戦時代の抑止という考え方は、「ならず者国家」や国際的テロ組織には通用しないので、実際に武力攻撃がなくても、その恐れがさしせまった場合には先制攻撃ができるというものである。

この考え方をつきつめていくと、同時多発テロを経験したアメリカにとって、座してテロ攻撃をまつことはできないということになる。そこで、具体的で明白な証拠がないとしても、「ならず者国家」・「悪の枢軸国」、テロ支援国家などが核兵器や生物・化学兵器等の大量破壊兵器でアメリカを攻撃する能力やその意図があるとアメリカが認定すれば、アメリカは、自衛のために先制攻撃ができるというものである。

同時に、潜在的な敵国がアメリカと同等かそれ以上の軍事力を構築しようとすることを断念させるために、アメリカは、それ以上の十分で強力な軍事力を装備していくという。こうして、冷戦終結によって軍事力縮小を余儀なくされたアメリカは、圧倒的な国内世論の支持のもとに、ハイテク兵器を中心に堂々と軍備の拡張ができるようになったのである。

国連憲章と先制攻撃

このブッシュ・ドクトリンなるものが国際法上認められるはずがないことはあきらかである。国連憲章において武力行使が認められているのは、攻撃をうけた国が自衛権を発動する場合と国連安全保障理事会が国際平和の維持に必要と認めた場合だけである。ブッシュ・ドクトリンというのは、この国連憲章にあきらかに違反している。

アメリカが「悪の枢軸」のひとつときめつけたイラク攻撃をおこなう意図をもっていたとしても、勝手に軍事行動をおこなうことはゆるされない。よしんば、このブッシュ・ドクトリンによってイラクを攻撃するにしても、イラクが大量破壊兵器を保有し、アメリカを攻撃する意図をもっているという確実な証拠を提示することが必要である。ミサイルでアメリカ本土あるいはアメリカ軍を攻撃することがあきらかであれば、燃料が充填された段階で攻撃・破壊することは自衛権の行使である。現状の軍事技術では、ミサイルが発射されてしまうと、うちおとすことができないからである。

国連査察団は、2002年2月8日の国連決議1441にもとづいてイラクに対する大量破壊兵器の査察をおこなっていた。2003年3月にはいって国連査察団が核査察に十分な時間が必要であるとしたのに対して、アメリカは、国連査察団では役にたたないからアメリカが軍事行動をとって大量破壊兵器をみつけだすと豪語した。国連決議がないのにどうしてアメリカが勝手に軍事行動をとれるのだという国際社会の疑問に対して、10年以上前の湾岸戦争のときの国連決議をもちだしてみずからの行動を正当化した。大量破壊兵器を廃棄しない場合、重大な結果をまねくという決議が根拠である。

当然、国際社会は、アメリカ単独のイラク攻撃に猛反対した。国連の大量破壊兵器査察の結果を少しまって、大量破壊兵器が廃棄されておらず、廃棄にもおうじなかった場合に、国連決議をもって最後の手段としてイラクへの軍事行動をおこすべきだという意見が大勢をしめた。しかし、アメリカは数ヶ月もまてないとして２００３年3月20日、イギリスとともにイラクへの事実上の単独攻撃をおこなった。

アメリカ単独のイラク攻撃に大反対したフランスは、当初、イラク攻撃がはじまれば攻撃に参加するだろうといわれていた。事実、フランスは地中海に空母を派遣していた。しかし、イラク攻撃がはじまってもいっこうに攻撃に参加する気配はみられなかった。結局、イラク攻撃には参加しなかった。

イラク攻撃にさいして、アメリカとイギリスは、イラクが大量破壊兵器を保有しているという証拠を提示し、イラク攻撃の根拠にした。しかしながら、イラク戦争が終結すると情報操作がなされたことがつぎつぎにあきらかになった。イギリスは、大した根拠もなく「命令をうけてから45分以内でイラク軍は生物・化学兵器を使用できる」と２００２年9月の政府文書にもりこんだり、２００３年2月の政府報告書に12年前のアメリカの大学院生の論文を無断で一部丸写したなどと批判された。２００３年1月におこなわれたアメリカ大統領一般教書演説で、「イギリス政府もフセインが最近アフリカから相当量のウランを入手しようとしたことをつきとめた」とのべた。これがイラク攻撃をはじめる理由のひとつとされた。しかし、その後の調査で証拠が偽造とわかり、大統領は、7月11日に外遊先のウガンダで「わたしは国民に対して演説したが、それは情報部門の許可をうけていた」と責任転嫁の発言をした。さっそく、ＣＩＡ長官は、みずからの責任を認めた。

大統領発言の前日、7月9日には、国防長官がアメリカ上院軍事委員会の公聴会で、「アメリカ・イギリス軍がイラクへの軍事行動にでたのは、あらたに大量破壊兵器の劇的な証拠を発見したからではなく、同時多発テロというプリズムをとおして、既存の証拠をあらたな視点でみるようになったからである」と証言し、決定的な証拠なしにイラク攻撃にふみきったことを認めた。アメリカのイラク攻撃が、最初から「大義なき戦争」であったことが白日のもとにさらされた。

Ⅱ．イラク攻撃の本質

(1) 攻撃を急いだ理由

絶好の機会

イラクの大量破壊兵器にかんする国連査察団がさらに数ヶ月の査察が必要であるとしていたにもかかわらず、２００３年2月24日にアメリカ、イギリス、スペインは、共同で対イラク武力行使容認の新決議案を国連安保理に共同提出した。アメリカとイギリスは、情報を操作してまでイラクが大量破壊兵器をかくしもっているとして攻撃をごりおししようとしたが、そんな情報もないスペインがどうして共同提出者に加わったのか理解できない。

スペインは、国内でテロ問題をかかえているからだといわれているが、やはり、ＥＵ（欧州連合）における大国フランス・ドイツ連合へのさやあてなのであろう。当然、武力行使に反対するフランス、ドイツ、ロシアは、査察の継続をもとめる覚書を提出した。

３月７日には、アメリカ、イギリス、スペインがイラクの武装解除期限を17日とする新決議修正案を国連安保理に提出した。しかし、あまりにも理不尽な武力行使への反対が理事国の多数派をしめたので、17日に修正案を撤回し、ブッシュ大統領は、48時間以内のイラク・フセイン大統領とその親族の亡命を要求する最後通告をおこなった。フセイン大統領とその親族がイラクをでていかないと武力攻撃をするというなんとも乱暴な最後通告演説であった。

外国からでていけといわれて、はいそうですかと国をでていく大統領もいないだろうから、当然のごとく48時間経過前後の３月20日にアメリカとイギリスによるイラク攻撃がはじまった。それにしても、どうしてアメリカはこうもイラク攻撃をいそいだのであろうか。

前年２００２年11月８日に国連安保理は決議１４４１を全会一致で採択し、イラクに大量破壊兵器の査察を無条件でうけいれるようにせまり、11月27日にイラクは国連の査察団をうけいれた。この段階でイラクは、大量破壊兵器を巧妙にかくすか他国に移送していたはずである。もしみつかれば、国連安保理決議にもとづいて国連軍か多国籍軍がイラクに攻めこむからである。そうすれば、とうてい太刀打ちできない。したがって、国連査察団が査察をさらに数ヶ月つづけても大量破壊兵器をみつけることができないのはだれでも予想のつくことであった。そうすれば、アメリカがイラク攻撃をおこなう絶好の機会がうしなわれてしまう。

アメリカは、はなっからイラク国内に大量破壊兵器などないことを知っていただろうから、3月20日にブッシュ大統領のおこなった開戦宣言では、大量破壊兵器をみつけ除去するための攻撃という側面をぼかして、「イラクを武装解除し、イラク国民を解放し、世界を深刻な危機から防衛するための軍事作戦」ということを高らかに「うたい」あげた。よけいなお世話である。

イラク攻撃を断念せざるをえないということになれば、アフガニスタンの戦後処理でもたもたしていることがとりあげられ、テロ撲滅はすすんでいないことが白日のもとにさらされ、アメリカの威信が地におちてしまうし、ブッシュ大統領の支持率も急低下するであろう。対テロ戦争でもアメリカが「弱い国」となったら大変である。同時に、戦争によってアメリカ国民の目を外にむけなければ、会計疑惑、景気低迷など国内問題でブッシュ政権が窮地においこまれてしまう可能性がせまっていたことも大きく影響している。勝つのがわかっているイラク攻撃を大勝利に終わらせれば、これらの国内問題はすべてご破算になってしまう。こんなことで爆撃され、犠牲になったイラク市民はうかばれない。

会計疑惑の隠蔽

アメリカ経済は、１９９０年代初頭に景気低迷を克服してから21世紀初頭まで、戦後まれにみる経済成長を謳歌した。この好景気が終了するとアメリカ経済に内在するきわめて深刻な問題がつぎつぎに露呈した。とりわけ、２００１年12月2日、アメリカの総合エネルギー会社であるエンロンが連邦破産裁判所に日本の会社更生法に相当する連邦破産法11条の適用を申請して経営破綻したことが、アメリカの経済だけでなく政治的にも大きな衝撃をあたえた。

このエンロン破綻は、日本の金融ビッグバンのモデルにもなった自由・公正・国際的で理想的であるはずのアメリカの証券市場が、じつはきわめて不透明で不正にみちたものであることを白日のもとにさらした。その後、破綻した通信大手のワールドコムの場合にも、利益を過大に計上したり、損失を隠したりして高株価をささえた実態があきらかになった。

とくに衝撃的であったのは、財務報告の正確さを担保するための第三者の公正な機関であるはずの会計監査法人がワールドコムの粉飾決算に荷担し、その事実が発覚しそうになると監査文書を破棄し証拠隠滅をおこなったことである。

ある証券会社のアナリストは、自社の投資銀行部門の営業を助けるために、企業に有利なような投資評価を公表して投資家に損害をあたえたとして大問題になった。結局、この証券会社は不正は認めなかったものの、損害をあたえた投資家と和解することになった。

こうして、１９９０年代におけるアメリカ証券市場のバブル的な高揚が終わると証券市場における不正がつぎつぎと露呈した。

理想的にみえたアメリカの証券市場をそのまま日本に移植・導入して平成不況脱却の切り札にしようとした金融ビッグバン構想は、１９９６年から97年にかけて企画・立案されたが、そのときアメリカは未曾有の好景気を謳歌していた。私は当時、アメリカの証券市場は当然のことながら完璧なものでも理想的なものではないし、あまり真似しすぎると、アメリカの景気が低迷し諸問題が噴出し、証券システムの再検討ということになったらみっともないよと主張した（拙著「日本の金融ビッグバン」ＮＨＫ出版、１９９７年）。残念ながらそのとおりになってしまった。

そして、２００2年6月25日、通信大手のワールドコムの38億ドルにものぼる利益かさあげという粉飾決算が発覚して、アメリカ証券市場への信用は地におちた。ダウ平均株価は同時多発テロ直後の安値８２３５・８１ドルをしたまわり、７月23日には７７０２・３４ドルまで下落した。

こうした会計不信は、アメリカ経済システムの根幹にかかわる深刻な問題なので、企業会計に対する信頼を回復することは、緊急不可欠の課題であった。そこで、ブッシュ大統領は、２００2年7月30日に上下両院が可決した「企業改革法（サーベンス・オクスリー法）案」に署名して同法を成立させた。同法によって、書類改ざんや破棄が重罪とされ、証券詐欺とともに罰則が強化され、最長25年の禁固刑がかせられるほか、監査法人への監視と情報開示の強化がはかられた。同法の成立でとりあえず会計不信に歯止めをかけたかたちになったで、株価のさらなる下落は回避できた。

こうした経済失政から国民の目をそむけるてだてが必要となったものの、通常の経済政策によって、株価を引き上げることはかなりむずかしいことであった。世界からアメリカに資金を吸収して実現した１９９０年代の景気高揚を再現することは不可能だからである。結局、国民の目を外にむけるしかなかった。

２００３年６月11日には連邦住宅貸付抵当公社（フレディマック）が、粉飾決算疑惑で証券取引委員会（ＳＥＣ）から正式な調査通告をうけたと発表した。同社は、デリバティブ取引における会計処理で高い収益をあげたときには利益をおさえ、利益がおちこんだときにはかさあげする方法をとって安定成長がつづいているようにみせかけた疑いがかけられた。上下両院の委員会も調査に着手した。

大統領選挙での再選

ところが、事態の深刻さは、エンロン問題がたんなる経済犯罪だけで終わりそうになかったことにある。

エンロンの株価操作や背任容疑があきらかになったまさにそのときに、会計疑惑捜査をおこなう司法省の責任者である長官が捜査からはずされた。長官は、上院議員時代に同社から献金をうけとっていたからである。エネルギー政策の立案に関して副大統領がエンロン幹部と６回面談したが、そこでの会談内容が不透明であった。さらに、商務長官が長官就任前にエネルギー会社の経営に関与していたり、経済担当大統領補佐官が以前エンロン顧問をつとめていたなど、ブッシュ政権とエンロンとの癒着疑惑が法廷であらそわれる局面にいたった。

ブッシュ大統領自身もテキサス州知事選や大統領選挙において、エンロンから総額73万6800ドルの献金をうけていた。さらに、ブッシュ大統領が1993年まで取締役をつとめていたハーケン・エネルギー社の株式の購入にあたって、同社の株式を半年は売却しないという念書に署名していたにもかかわらず、同社の資金難が発覚する前に売りぬけた。念書に違反する購入2ヶ月半後のことであった。かくして、インサイダー取引疑惑が浮上した（『日本経済新聞』2002年7月17日）。

アメリカ・ギャラップ社がおこなった7月9－11日の世論調査によるとハーケン・エネルギー社の疑惑に対して、「なんらかの違法行為があった」というのが10%、「反道徳的な行為があった」というのが29%で、じつに4割のアメリカ国民が株式売却に批判的であった。大統領の支持率も前回6月28－30日よりも3%下がって73%となった。アメリカ・ニューズウィークが7月11－12日におこなった世論調査では、前回6月27－28日より2%さがって68%になった（同）。

日本にくらべれば、依然として高い支持率であったが、同時多発テロ後に強いアメリカをアピールして90%まではねあがった支持率がずるずると低下していることが大問題だったのである。しかも、株価が低下し、景気の低迷も懸念されていた。対テロ戦争でアフガニスタンのタリバン政権をうちたおしたとしても、内政で失敗することはできない。湾岸戦争で勝利してもその後の経済運営に失敗し、大統領として再選できなかった父親と同じ運命をたどることになってしまうからである。

このように、政権ぐるみともとれるエンロン疑惑から国民の目をそらすとともに、軍事費の拡大によって景気にてこいれし、景気低迷に歯止めをかけることが不可欠になった。それがイラク攻撃だったのである。イラクのフセイン政権をうちたおして親米政権を樹立すれば安価な石油が安定的に供給されて、アメリカのエネルギー産業がうるおうし、戦争でハイテク兵器などが大量に使用されれば軍事企業は莫大な利益をえられる。かくして、ブッシュ政権の基盤が強化される。

(2) イラク攻撃の経済的背景

石油利権

アメリカによるイラク攻撃の決定的な国内経済的背景は、ひとつは、イラク原油の廉価な安定的確保、もうひとつは、戦争によるハイテク兵器の「大量消費」にある。

アメリカは、戦後、いくたびも首尾一貫しない行動をとってきた。アフガニスタンのタリバンは、旧ソ連によるアフガン侵攻のときに旧ソ連との「代理戦争」を戦わせるためにアメリカが軍事訓練をほどこし、軍事的にも経済的にも支援した勢力である。これがアルカイダをかくまっているとして、今度は政治体制はことなるものの旧ソ連の共和国であったロシアと協力して武力攻撃の対象とした。イラン革命で反米政権が誕生したときにも、イランをたたこうとするイラクのフセイン政権を支援した。敵の敵は味方というわけである。しかしながら、フセイン政権はしだいに反米姿勢をみせるようになった。

反米姿勢を強める過程でフセイン政権は、ロシアやフランスの石油会社に油田開発の優先権をあたえたり、中国とは鉄道などの社会資本整備で接近をはかってきた。油田開発や発電所、港湾の整備などで対外債務は約１２７０億ドルにふくれあがったが、そのうちロシアが１２０億ドル、日本が50億ドル、フランスが40－50億ドルで、アメリカは数億ドルにすぎない。フセイン政権は、もしアメリカがイラクを攻撃し単独占領をおこなおうとしたって、ロシアやフランスなどの国連安保理の常任理事国がだまっているはずがないと考えたのであろう。

このイラクの確認原油埋蔵量は、サウジアラビア（約２６００億バレル）につぐ世界第2位の約１１２０億バレルにたっするが、未確認の埋蔵量をふくめると３０００億バレル以上ともいわれている。これはアメリカの年間輸入量のじつに１００年分に相当するすさまじい量である。原油埋蔵量世界第2位のイラクに親米政権が樹立されれば、湾岸諸国による石油価格支配が終焉をむかえて国際石油価格が劇的に低下し、地球環境保護の必要性が声高にさけばれている昨今でも石油をかぶのみする経済をつづけようとするアメリカ経済は成長する。

ＵＦＪ総合研究所の試算によれば、原油価格が1バレルあたり10ドル下がればアメリカの実質経済成長率は０・５％おしあげられるという（『読売新聞』２００3年4月17日）。日欧は、

1970年代のオイルショック以降、省エネに専念し、石油依存からの脱却をすすめたり、地球温暖化防止にも努力してきたが、多くの石油資源を有するとともに強力な国際石油資本メジャーをかかえるアメリカは、日欧ほど徹底的に石油依存経済をあらためることはなかった。安価な石油の安定的確保を大前提とするアメリカ国民の高い生活水準をひきさげることなど考えられないからであろう。

アメリカがサウジアラビア主導の石油価格支配を打破することによる安価な石油の大量確保、イスラエルを敵視するフセイン政権などの反イスラエル勢力の一掃という中東戦略を遂行したくても、通常は、フランスやロシアなどがひかえているのでおいそれとはできない。そこで、同時多発テロに対する報復戦争という「大義」をもちだした。したがって、大量破壊兵器があろうとなかろうと大した問題ではなかったのである。イラク戦後、大量破壊兵器がみつからなくてもアメリカがいっこうに意にかえさないのは、そもそも大量破壊兵器をみつけて除去するというのがイラク攻撃の「大義」ではなかったからである。イラク戦争が不思議な展開をしめした最大の理由はここにある。

アメリカによるイラク攻撃の意図が明確になる事例が石油省の警備である。アメリカによって多くの省庁が爆撃をうけた。また、フセイン政権の崩壊で内務、交通、教育、農水などの省庁はまっさきに略奪にあった。しかしながら、アメリカ兵が堅固な警備をかため業務再開の準備をすすめたのがイラク最大の資源である石油を管理する石油省であったが、ここだけは外観も無傷で、大した略奪もうけていなかった。市民から「なぜ、石油だけを守るのか、健康省や教育省を守るべきだ」という批判がでてくるのも当然である（『朝日新聞』2003年4月19日）

イラク攻撃における アメリカの最大の誤算は、アフガン戦争では積極的に協力したフランスやロシアが最後まで反対したことと、大規模攻撃が終了しフセイン政権を倒してもアメリカ軍への攻撃がなかなかやまないことである。ここにイラク攻撃後の世界経済・国際金融システムがさらに複雑化していくという大きな根拠のひとつがある。

軍事産業

イラク攻撃の成否というのが、その後のアメリカの経済運営に決定的な影響をおよぼすことはあきらかであった。もし、イラク攻撃にふみきれなかったり、イラク攻撃に失敗すれば、その後、そう簡単に戦争をはじめたり軍事行動をとることができなくなってしまうからである。そうすれば、冷戦が終了した後に軍事費が激減し、軍需産業が壊滅的打撃をうけた二の舞いになってしまう。

軍事企業がバタバタつぶれるという事態は、人類にとってすばらしいことである。人間を殺害するための兵器がつくられなければ、だれも戦争をすることができないし、世界平和がおとずれるからである。第一次大戦中に毒ガスが実戦で歴史上はじめて使用され、悲惨な結末をむかえたので、その後、毒ガスなどの化学兵器の製造・使用が国際条約で禁止された。それでもつくる国があるし、イラクは実際に使用した。大して高価でなく貧しい国が作ろうとするので、貧者の兵器といわれる。

兵器製造が全面的に国際条約で禁止されても、つくる国はなくならないだろう。だから、市民の生命の安全を確保し、それに対抗するために、各国レベルではなく国連だけが軍隊をもてばいいと思う。もちろん、こんなことは夢物語である。アメリカで銃犯罪を激減させるのは簡単である。日本のように猟銃をのぞく市民の銃保持の全面的禁止、すなわち「アメリカ版刀狩り」をすればいいだけのことである。どうしてできないのか。政権に絶大な影響力をもつ銃の製造業者が、自分の身は自分でまもるのがアメリカの伝統だと頑強に反対しているからである。もちろん、本当は、銃製造業者が食えなくなるからで、アメリカ政府は、「人命よりも政治献金をおこなう業者のほうを大事」にしていると批判されている。

軍事産業は、戦争がなくなれば収益機会が激減する。軍事企業は激烈に淘汰されるであろう。非軍事企業であれば、経済法則によるものであるから淘汰はしかたがないということになるのだろうが、軍事企業の場合にはそうはいかない。政府からの受注で特殊な生産をしてきたこともあって、おいそれとはほかの事業に転換することができないからである。だから、軍事企業は、通常は非軍事企業よりも収益率が高いこともあって、政権に莫大な政治献金をおこない政権をささえてきたのである。

そのかいあって、１９９０年代の株価ひきあげによる好景気が終了した21世紀初頭に、軍事企業は、軍事費の拡大による景気のてこいれをおこなわせることに成功した。その結果、あらわれた特徴のひとつは、軍事産業と軍事経済の経済にしめる比率がますます高まってきたことである。日本の公共投資というのは、高速道路や橋・港湾などを建設するというものであるが、アメリカの「公共投資」は、軍事部門への国家資金の投入である。日本の公共投資では、事故以外で市民があまり犠牲になることはないが、アメリカの「公共投資」では市民まで犠牲になってしまうこともある。その点では、無駄ではあるが日本の公共投資のほうがまだましかもしれない。

１９９０年代の景気高揚が終了した以上、アメリカには、軍事費の拡大によって軍事企業にもうけさせて景気のてこいれをはかる方法しかない。ＩＴ革命も規制緩和もおこなったし、金融緩和もたかがしれているからである。だが、軍事費を大幅に拡大するには、実際の脅威が存在していなければならない。冷戦期に最大の脅威であった旧ソ連が崩壊してしばらくしたら、国際テロリストとテロ支援国家という別の脅威があらわれた。そこで、本来、テロリスト集団と主権国家の正規軍が交戦をすることはあまりないが、正規軍とテロリストとの戦いが「現代の戦争」ということになった。

戦争は、国家による兵器・軍需関連物資などの最大の「消費行動」である。個人消費でなくても、国家が「消費」をすすめることができれば、とりあえず経済成長は可能である。兵器や軍需品が「大量消費」されれば、追加の生産のために軍事企業はフル操業をおこなうからである。もちろん、軍事依存経済が長く維持されると、いずれ破綻するのは歴史上の事実であるが、重化学工業がとりあえず活況となり、消費財産業にも波及する。国家や軍事企業にとってさらに重要なことは、兵器を「消費」することでその性能が試され、さらに高度な兵器の開発が可能となるということである。

もし、戦争がなければ、大規模な軍隊も「無用の長物」になる。そんな無駄な金があったら、福祉にまわせといわれる。また、軍隊は、実戦経験によってはじめて強くなる。どれだけ訓練をかさねたとしても、実戦とは質がちがうからである。おうおうにして職業軍人が「戦争」をしたがるのはそのためである。だから、それをおさえるために、どうしてもシビリアン・コントロール（文民統制）が必要とされるのである。日本の自衛隊をなんとしても海外の「戦闘地域」に派遣しようというのは、実戦経験をさせようという意図も背後にあるからだろう。

科学・技術開発

軍需産業と軍事経済が経済全体にしめる位置が大きくなってきたもうひとつの理由は、軍事費の拡大と軍事企業の高揚というのが科学・技術開発にとって不可欠だからである。20世紀末から21世紀にかけて、アメリカがどうして軍事力・軍事技術や科学・技術で世界にならぶもののなき水準に到達したかということをあきらかにするには、戦後の冷戦期までさかもどらなければならない。

第二次大戦後、アメリカは、米ソ冷戦体制下で航空・宇宙、情報・通信、核開発など超最先端の科学・技術開発に専念せざるをえなかった。実際に核戦争が起こったら人類は滅亡するので戦争はできないが、もし万が一、戦争になったら、絶対に勝利しなければならなかったからである。

そこで、膨大な軍事費と人材を最先端の科学・開発に投入するとともに、航空・宇宙、コンピュータ、核開発などの超最新鋭の重化学工業を構築した。月に有人ロケットを飛ばすというアポロ計画が実行されたのも、国益からすれば、たんなる「人類のロマン」の実現のためではなく、それが科学・技術の粋をあつめなければできないものだったからである。たかが「人類のロマン」実現のために莫大な国家予算をつぎこむことができたのは、「仮想敵国」旧ソ連に人工衛星のうちあげでさきをこされた（もしかしたら、国家資金を投入できるように「さきをこさせた」のかもしれないが）からである。

アメリカ国民が旧ソ連にさきをこされ、プライドをいちじるしく傷つけられたのを利用して、政府は、国家予算をアポロ計画に湯水のように投入することができた。ときあたかもベトナム戦争への泥沼にはまりこむ時期だったので、国民の関心を旧ソ連との表面的な「科学・技術」競争に目をそむけさせるには絶好のプロジェクトであった。だから、財政赤字や経常収支の赤字が増加したこともあって、月に人間がたったらじきにアポロ計画は終了したのである。

このアメリカの超最先端の科学・技術開発の成果をほんの一部であったが最初にとりいれたのは、ほかならぬ日本の重化学工業であった。１９７０年代から80年代にかけて日本の重化学工業は、マイクロ・エレクトロニクスを工業生産に積極的に導入した。日本企業が世界市場に輸出攻勢をかけるとともに円高による為替差損を企業努力でカバーするためには、徹底的なコスト削減と製品の質の向上をはかることは不可欠だったからである。このときには、日本がアメリカの超最先端の科学・技術の成果をいかんなくとりいれることができたが、それは、日米の産業構造のちがいにあった。

戦後、アメリカは、重化学工業のうち超最先端産業の発展・拡大に専念せざるをえなかったので、従来型の重化学工業は日本とドイツにまかせた。したがって、いくらアメリカが超最先端産業を発展させても、それをいかす従来型の重化学工業がなかったのである。したがって、アメリカが超最先端産業の成果をいかすとすれば、新しい「産業」として創出しなければならなかった。それがＩＴ（情報・技術）産業であった。

１９９０年代にアメリカ経済がいちじるしく高揚したのは、ＩＴ産業を「幻想的な産業」としてつくりあげることに成功したからである。日本とアメリカにおけるＩＴ革命の決定的ちがいは、アメリカでは、インターネットを中心とする情報通信産業の普及・拡大があたかも「あらたな産業」であるような「幻想」をひとびとにいだかせることに成功したのに対して、日本では、たんに重化学工業のＩＴ化による生産性の向上としてあらわれとところにある。日本でもインターネットが急速に普及したが、そんなものは、「あたらしい産業」でもないし、革命とよべるようなものでもない。

このアメリカの好景気は、ハイテク産業関連株の暴騰、すなわちネットバブルが２００0年3月にはじけて終了した。１９９0年代の好景気の本質というのは、ＩＴ産業の創出ということを前提として、日欧から大量の投資資金を吸収してつくりあげた株高にあるが、それが終了した以上、新たな景気高揚の経済政策が必要となった。これがかつて失敗した軍事費の拡大による景気高揚、すなわち「軍事ケインズ主義」への回帰であった。

アメリカの安全確保のためにおこなわれる積極的な対テロ戦争には、冷戦期以上の莫大な軍事費が必要とされる。正規軍対正規軍の戦争のコストというのは、ある程度積算することが可能である。しかしながら、いつどこでおこなわれるか予想できないテロに対しては、万全な防御体制が必要とされるし、日頃はみえないテロリストをつねに監視するには、冷戦期以上のさまざまな超ハイテク兵器が必要とされるからである。

ブッシュ政権は、対テロ戦争だけでなく、アメリカの脅威になる国や勢力には先制攻撃までできると宣言したので、これからは膨大な国家予算を湯水のように軍事関連費に投入できる。冷戦が終結して軍事費が大幅に削減され青息吐息であった軍事企業は、ブッシュ政権の登場でようやく息をふきかえした。ブッシュ政権誕生に尽力したかいがあったというものである。

同時に、軍事費拡大によって、ハイテク技術開発がさらにすすむことになることが重要である。バイオテクノロジーのほか、とりわけ、これからの有望な技術分野であるナノテクノロジー（超微細技術）がさらに発展していくことはまちがいない。いずれアメリカ経済の成長をバイオテクノロジーやナノテクノロジー産業がささえていくことになるであろう。結局、「対テロ戦争」や「先制攻撃戦争」によって、アメリカ経済が長期的に成長していく基盤が構築される。

軍事費の拡大

アフガニスタン「戦争」でアメリカは、膨大な兵器をいっきに「消費」した。近代兵器の主要部分は、半導体などのエレクトロニクス製品などからできているので、アメリカでのＩＴ不況の最大の原因である過剰設備という問題は依然としてのこっているものの、Ｉ

T関連企業の在庫調整が急速にすすんだ。

２００２年会計年度（01年10月〜02年9月）の国防費３４８９億ドルは、「冷戦」の年平均３４４１億ドルをこえるすさまじいものである。膨大な国防費を、対テロ撲滅「戦争」にそなえる巡航ミサイルの増産のほか、ミサイル防衛や敵は殺戮してもアメリカ軍人に犠牲者がでないという無人攻撃機の開発など、これからの戦争にそなえた分野にも大規模に投入した。

２００３年会計年度（02年10月〜03年9月）の歳出は2兆１４０４億ドルで前年度の６・４％増であったが、そのうち国防費は３７５７億ドルで、前年度の実績で７・７％増加した。こうした軍事費の拡大で防衛最大手のロッキードマーチンは次世代戦闘機（ＪＳＦ）の開発契約や指紋検索システムなどの対テロ技術の大型受注によって株価は同時多発テロ前の１・６倍に上昇した。薄くて軽いが銃弾や化学兵器をとおさない新素材の開発にマサチューセッツ工科大学が着手したが、資金の提供者は国防総省や化学大手のデュポンなどである。

２００４年会計年度（03年10月〜04年9月）の歳出は2兆２２９０億ドルで前年度の４・７％増、そのうち国防費は３７９９億ドル、前年度の実績みこみで４・２％増加した。テロ対

図表1　アメリカ国防予算の推移

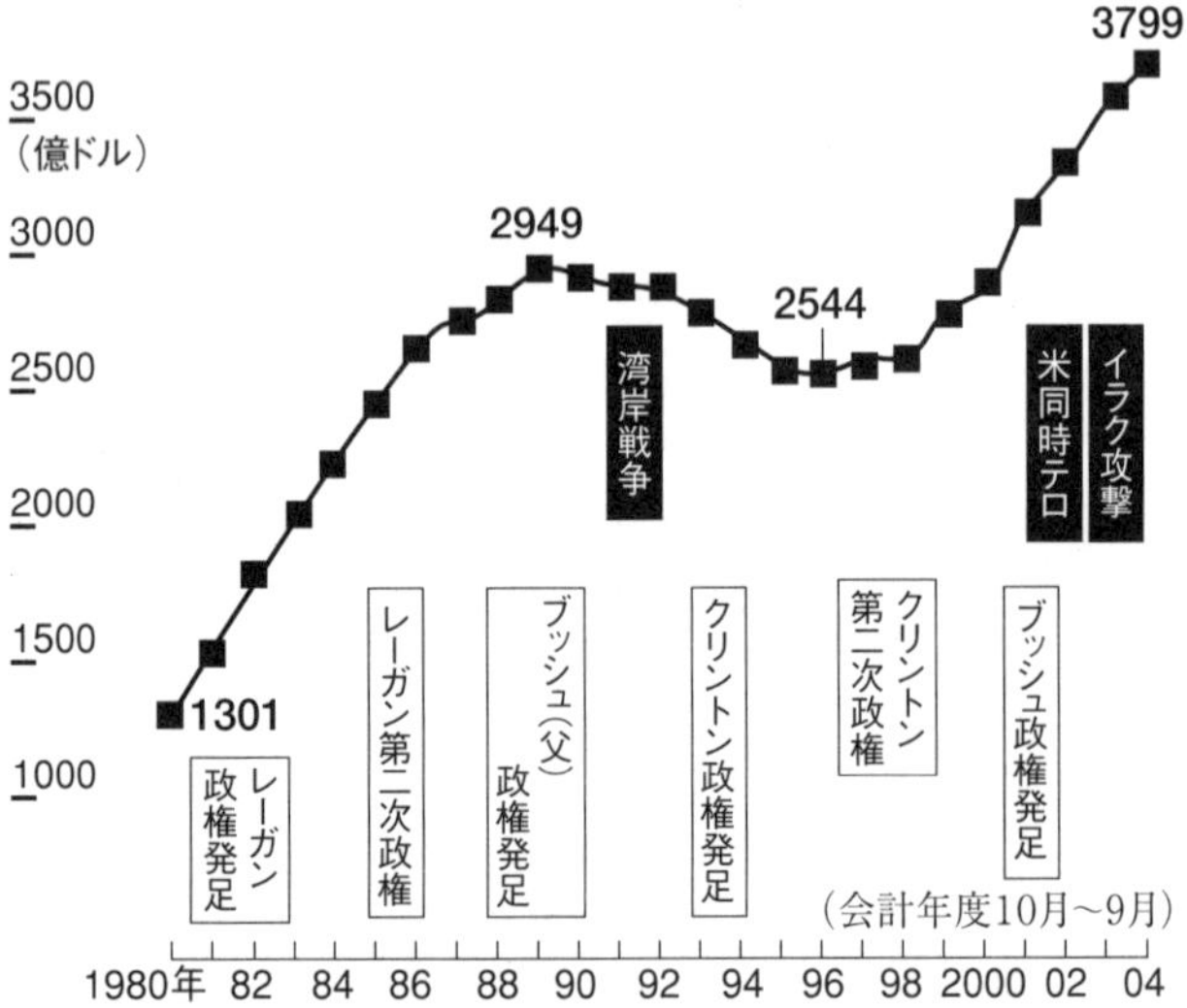

（注）　2002年までは支出額、2003年は実績見込み（「ミリタリー・バランス」などより作成）
（出所）「読売新聞」2003年２月４日より作成。

策をおこなう国土安全保障分野は413億ドルで前年比9・5%の大幅増となった。国防費の伸びは一段落したが、科学・技術の研究開発費は、総額1228億ドルで前年度比6・9%増であった。そのうち、非軍事分野が3・9%の伸びにすぎなかった。ここでも、軍事関連の研究開発費は高い伸びをしめしていることがわかる。

　こうした軍事費の拡大は、とりあえずの経済成長を促進し、ネットバブル崩壊による景気低迷をくいとめている。国防支出はベトナム戦争下の1967年12・8%増以来の伸びであり、２００１年の国防支出は実質経済成長率を０・37%おしあげ、軍事費拡大にはしったレーガン政権下の80年代前半の０・３〜０・６%にせまるものとなっている（『日本経済新聞』２００３年２月19日）。したがって、アメリカは、これからなんとかして戦争の口実をみつけて、できればあまり世界から批判をうけずに、あちこちで戦争をおこなって兵器を「消費」し、軍事費の拡大をつづけていかなければならないのであろうか。

しかしながら、問題は、いつまで軍事費の拡大をつづけられるかということである。日本が平成大不況のなかで公共投資をつづけられなくなり、構造改革をせまられたようなことがいつおきるか。財政赤字が激増していけば「軍事ケインズ主義」が破綻するからである。

ネットバブル崩壊による税収減、景気対策のための減税、同時多発テロをうけた国防費の拡大などから２００２会計年度には、１９９７年以来５年ぶりに１５００億ドルの財政赤字となった。２００４年会計年度の予算教書では、財政赤字は、２００３年度に３０４０億ドル、２００４年度に３０７０億ドルとなり、１９９２年に記録した過去最高の２９０４億ドルをうわまわるというみとおしであった。しかしながら、２００３年７月15日にアメリカ政府は、２００３会計年度の財政赤字が当初予想の１・５倍の４５５０億ドルに脹らむというみとおしを発表した。この財政赤字は、過去最大であった1992年度の2904億ドルを大幅にうわまわる。2004年度はさらに赤字が増加し4800億ドルにたっするという。

これらの財政赤字は、イラク攻撃における大規模戦闘が終結してもゲリラ戦がつづくなど軍事費が拡大していることによるものである。それは、アメリカがイラク利権を独占すべく、国連の協力をかたくなに拒否し、治安の回復がいっこうにすすまなかったからである。そのほかに、大統領選挙にむけて景気のてこいれをはかるために、大幅減税、配当の二重課税の撤廃、2004年度と2006年度に予定されていた所得税率ひきさげの2003年度への前倒し、雇用対策にともなう州政府への財政支援などによるものである。予算教書では、2005会計年度から財政赤字が縮小することになっているが、その大前提は、イラク大規模攻撃で大成功をおさめたネオコン・グループが、なるべく戦争を回避して、国際協力のもとでテロを根絶する方向に転換するということである。さいわい、イラク統治の失敗でそのようになりつつある。

他方で、アメリカ国防総省による研究開発への介入の恐れがでてきていることも深刻な問題である。アメリカの科学誌「サイエンス」が2002年7月に小児マヒの原因である

図表２　アメリカ財政収支の相移（03以降は予測）

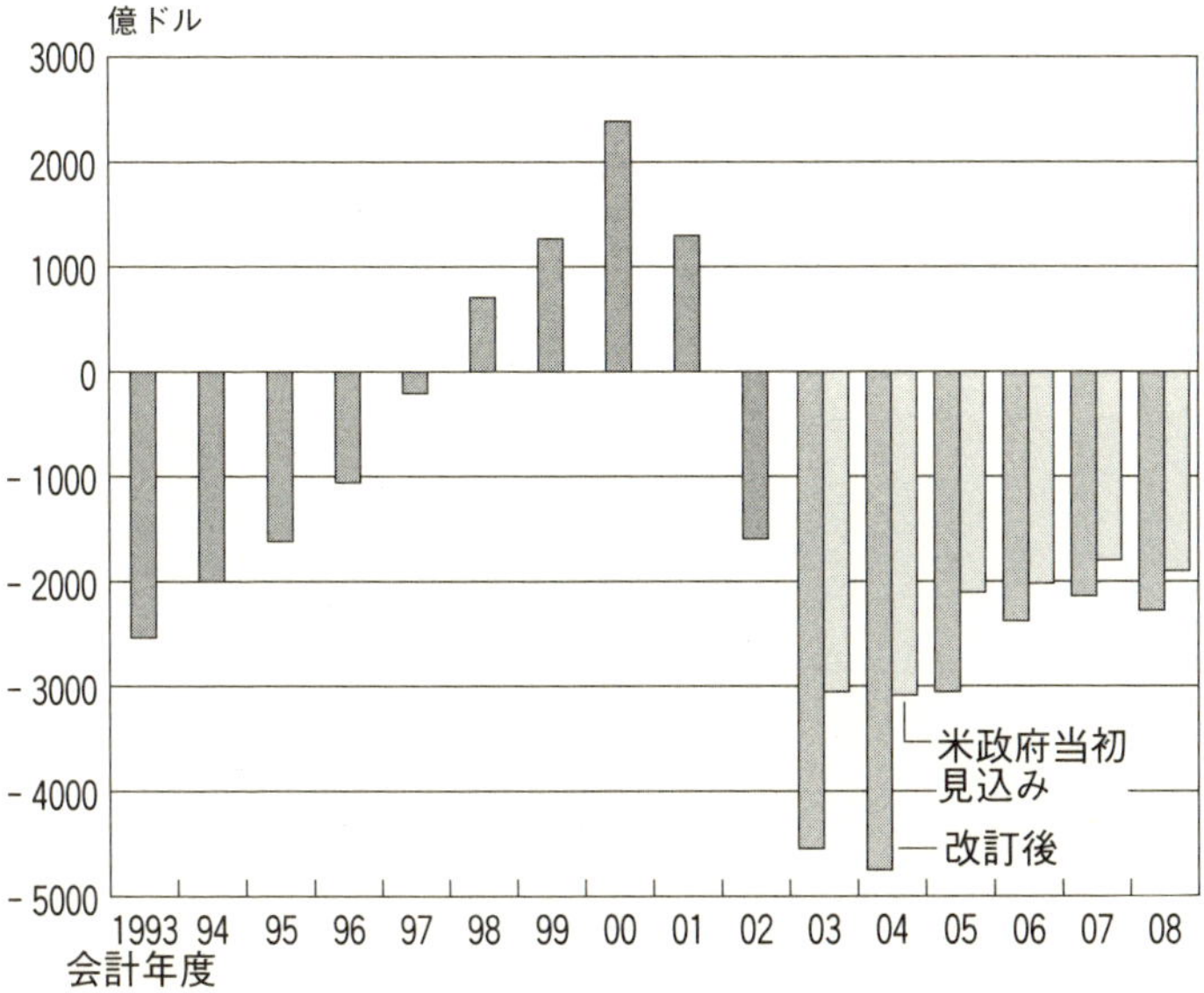

（出所）　財務省「財政金融統計月報」2003年６月。

ポリオウイルスの人工合成に関する論文を掲載したところ、国防総省が同誌に猛烈に抗議した。テロリストによる悪用を懸念したからだという（『日本経済新聞』２００２年９月５日）。テロリストの国内侵入を防ぐために外国人留学生への監視も強まり、研究内容も国防省がきびしく監視し、介入するようになってきているようであるが、自由が売り物であったアメリカの研究環境が劣悪化していけば、逆に、科学・技術発展の阻害要因になりかねないという危惧がでてくる。

Ⅲ．イラク戦争とアメリカ民主主義

(1) 短期勝利の果実

軍事産業の高揚

アメリカによるイラク攻撃は、徹底的なハイテク兵器によっておこなわれた。それは、膨大な軍事費を投入して軍事技術開発をすすめさせるとともに、ハイテク兵器を「大量消費」する絶好の機会だからである。また、制空権を有するアメリカがハイテク兵器による空爆で徹底的に地上戦力をたたけば、地上戦でのアメリカ兵の犠牲が少なくてすむからである。アメリカは戦争において、自国の兵士の犠牲をなるべく少なくしようとする。大量の犠牲者がでると世論が戦争反対に傾くからである。

こうして、最少の犠牲者で勝利するという戦略がアフガン戦争とイラク戦争で採用された。イラク攻撃から3週間でアメリカ軍は、1万2000発以上の精密誘導兵器を使用した。全地球測位システム（GPS）誘導の総合直接攻撃弾（JDAM）はボーイング社製、分厚いコンクリートを貫通する特殊貫通爆弾バンカーバスターはロッキード・マーチン製、トマホーク巡航ミサイルはレイセオン社製である。

一発が60万ドルから100万ドルもするトマホークは2000発の在庫があったといわれているが、これが約800発使用された。レイセオン社は、燃料タンクの大型化でより長い航続距離をもち、攻撃目標の上空で滞空できるなどの機能強化をはかるとともに、部品数の削減などでコスト削減した新型トマホークの生産を2003年後半に開始し、2004年ころに配備される予定であった。

従来型トマホークの製造を中止していた同社に対して、国防総省は、備蓄量確保のためにただちに製造にとりかかるように要請した（2003年1月〜3月期の受注2億2400万ドル）。もし、十分な備蓄が確保されるまえにアメリカが大規模な攻撃をうけたら、国防に重大な支障をきたすからである。同社はまた、2003年1月〜3月期に弾道ミサイル防衛システムのレーダー開発（3億5000万ドル）、新型対潜水艦魚雷（2500万ドル）をアメリカ軍から受注した。まさにフル稼動の状態にあった。

アメリカ最大の軍事企業であるロッキード・マーチン社は、2003年1月〜3月期にパトリオットミサイル（PAC－3、4億4000万ドル）、軍用機C130Jを60機（40億ドル）、レーザー誘導爆弾GBU－12など（1億600万ドル）を受注した。ゼネラル・ダイナミックス社は、同期間にロケット弾Hydra－70（6800万ドル）のほか、通信関連システムの構築などの長期契約を締結した。

ボーイング社は、すでに2002年8月に軍事用の大型輸送機60機を97億ドルで受注していた。ボーイング社は、同時多発テロ以降の航空機売上減による減収に苦しんでいた。この受注でボーイング社も息をふきかえした結果、過去10年ではじめて軍事部門の売上が民間部門をうわまわるみこみである。

軍事費の拡大は、軍事企業大手のみならずハイテクベンチャーをもうるおしている。シリコンバレーでは、2002年の1年間で国防総省と契約をむすんだ企業は900社にもおよび、それによる経済効果は40億ドル以上にのぼるといわれている（『読売新聞』2003年4月9日）。

こうしたイラク攻撃による軍事関連企業の好業績の半面で、大規模攻撃があまりにもあっけなくとりあえず終結したことで、「経済効果」が限定されたようである。アメリカ国防総省の発表によると、イラク攻撃の戦費は約200億ドルで現在価値になおすと約750億ドルにもなる湾岸戦争の三分の一にもみたない。それだけ犠牲者が少なかったのでいいことであろうが、「軍事ケインズ主義」の立場からすると経済成長効果が不十分だということになるのであろうか。

しかしながら、大規模攻撃が終結してからも「ゲリラ戦」が展開されているが、軍事費は拡大するもののハイテク兵器があまり使用されないので、財政赤字が増えるだけで、「経済波及効果」が低いといわざるをえない。事実、4月に785億ドルの補正予算を成立させたものの、イラク、アフガニスタンでの戦闘の継続で、9月にブッシュ大統領は、2004年度補正予算として870億ドルを議会に要求することをあきらかにした。

復興利権の独占

単独でイラク攻撃に成功したブッシュ政権は、イラク復興においてもアメリカ企業と独占的に契約した。「戦争で血を流したものが復興に関与するのはあたりまえ」という政権高官の発言にもあるように、それはしょうがないことなのであろうか。しかしながら、発注先アメリカ企業のなかにブッシュ政権とのつながりがふかいものがあるとすれば、結局、政権維持と政権の経済的基盤強化のために戦争をしかけたのであって、大量破壊兵器の除去やイラク国民の解放などはあくまでも目くらましではなかったのかといわれてもしかたないのではなかろうか。

アメリカ政府の開発援助機関である国際開発庁は、フセイン政権が崩壊するとまってましたとばかり4月17日に、アメリカが手がけるイラク復興事業のうち最大規模となる社会基盤整備事業をゼネコン大手のベクテル社に発注することをきめた。発注した事業は、道路、上下水道、電線網、空港の整備、電力施設や港湾の修復などで、当初支払い額は３４６０万ドル、議会の承認が得られれば、その後、18ヶ月間で6億８０００万ドルにたっする可能性もあるという。同社は、共和党のジョージ・シュルツ元国務長官が役員をつとめていることから、政権とのつながりが問題視された。

アメリカの石油サービス大手・ハリバートンの子会社であるケロッグ・ブラウン・アンド・ルートは、国防総省から油田火災の消火・修復事業の契約を受注した。事業規模はじつに70億ドルにたっする。ハリバートンというのは、チェイニー副大統領が最高経営責任者をつとめていた会社である。

アメリカ国際開発庁は、初期インフラ整備に総額17億ドルを投入するさいにすべての事業をアメリカ企業だけに発注することをきめた。その第一号として、イラク南部のウンムカスル港の復興事業をアメリカの大手港湾サービス会社であるスティーブドリング・サービシズ・オブ・アメリカに発注した。

その普及がおくれていた通信・ハイテク関連事業では、35億ドルから50億ドルのビジネス・チャンスがあるといわれているが、これもアメリカ企業だけに発注することにしていた。国際法違反のイラク戦争であったとしても、フセイン政権の崩壊後、国連決議にもとづいて国連がイラクの復興事業をおこなうべきであった。しかし、イラク利権を他国にわたしたくないアメリカが復興事業を完全にとりしきった。しかも、利権あさりがあまりにも露骨であったので、イラク国民から不満が高まった。アメリカ軍のモラル低下も深刻で、バクダット空港を占領した米兵の一部が空港免税店から略奪のかぎりをつくした。イラク国民を圧政から解放し、国民の生活を豊かなものにしてくれるはずだったのではないかという疑問がでてきたのは当然のことである。

そこで、2003年5月にイラク復興にあたってきたアメリカ国防総省の復興人道支援庁の責任者が更迭された。軍人が中心の国防総省主導の復興ではだめで、外交が仕事の国務省が復興に責任をもつべきだという考え方によるものであるといわれているが、直接の原因は、バクダットの多くの地域で停電がつづき、ゴミの収集などの公共サービスが機能せず、最低限のインフラ整備がすすんでいないことによるものであった。

イラク攻撃の最大の目的のひとつが安価な石油の大量確保であるので、石油省の警備、石油関連施設や石油輸出のための港湾整備を最優先するのはあたりまえである。ビジネスにはなんの役にも立たない生活基盤整備は、大量の石油を安く販売してその販売代金が手にはいってからということなのであろう。大義なき戦争の結果としての、あまりにも露骨な利権あさりに、イラク国内ばかりか国際的な批判をあびて、復興責任者が更迭においこまれたのであろう。

イラク債権の放棄要求

アメリカは、「武力解放」したイラクをみずからの「植民地」と考えているようである。露骨な利権あさりがそのひとつのあらわれであるが、さらにあつかましいのが、旧フセイン政権に対する各国債権の放棄要求である。世界第二位の埋蔵量をほこるイラク石油をアメリカ石油資本が安くアメリカにもちこみ膨大な利益を得るためには、イラクの経済復興にかかるコストを最大限減らすことが不可欠である。そのために、旧フセイン政権への各国の債権、旧政権のときに取得した石油債権の放棄をせまることが必要である。

ロシアの石油大手のルークオイルは、旧フセイン政権下でイラク南部の西クルナ油田の開発権を取得していた。フランスの石油大手企業のトタルフィナ・エルフもイラン国境にちかいマジュヌーン油田の開発権の取得で他社に先行していた。さらに、フランスの通信機器大手のアルカテルは、通信インフラ整備で多くの実績をもっている。中国は、鉄道などの社会資本整備で旧政権に接近していた。アメリカが圧倒的な軍事力で単独攻撃をおこない旧フセイン政権をうちたおせば、これらの旧政権との関係がすべて白紙にもどされる懸念があったので、フランスやロシアが最後まで大義なきアメリカの単独攻撃に反対したのである。

アメリカの国際石油資本メジャーは、イラクの新政権とのあいだで5年程度の油田開発契約を結ぶことをねらっているという。国連安全保障理事会が5月22日にシリアを除く全会一致でアメリカのイラク攻撃を追認しても、アメリカは、けっして事実上単独での戦後統治をかえなかった。あくまでも経済的利権を確保することに固持している。そのため、

9月8日にブッシュ大統領がイラク復興で各国に協力を要請してはいても、あくまで米英軍による占領統治に固執している。

さらにアメリカは、総額3832億ドルにものぼる対外債務や対外賠償などの放棄を債権国にもとめている。イラク復興には過去の債務を削減することが不可欠であるとともに、イラク攻撃の戦費負担のかわりに、債務の削減におうぜよということのようである。ところが、対外債務額1270億ドルのうち、湾岸諸国をのぞけば、ロシア120億ドル、日本50億ドル、フランス40～50億ドルであるのに対してアメリカは数億ドルにすぎない。債務削減でほとんど損をすることがないアメリカが、戦争で金がかかったから他国に債権放棄をせまるというのもなんともおかしなものである。

大量破壊兵器を廃棄させ、フセイン独裁政権の圧政からイラク国民を解放するとともに、テロリストへの支援をやめさせるためのイラク攻撃であれば、国連決議にもとづいて国連軍や多国籍軍がおこなうべきである。大量破壊兵器の発見もできず、フセインを直撃したはずのレストランをまったく調べもせず、その安否すらわからないのでは、イラク攻撃の大義もなにもあったものではない。アメリカ軍は、7月22日にふたりの息子をしとめたと発表したが、よしんば、いずれフセイン元大統領をみつけたとしても、大量破壊兵器をみつけられなければイラク攻撃の正当性の一部すら主張できない。アメリカのイラク攻撃は、国連決議なしのイラク「侵略戦争」にほかならないからである。

(2) アメリカ民主主義の本質

ブッシュ・ドクトリン

かつて建設中のイラクの原子炉をイスラエルが空爆によって破壊したことがあった。イスラエルは、予防的な自衛権の行使であると主張したものの、国連安全保障理事会は自衛権の行使とは認めなかった。今回のアメリカによる事実上のイラク単独攻撃は、このときのイスラエルよりさらに根拠薄弱である。イラクは原子炉を破壊した。それは、原子炉が完成することで、将来、イスラエルが核攻撃をうける可能性があるというのが原子炉破壊の根拠であろう。しかし、もしそうであるならば、イスラエルは、国連決議を要請し、国連の枠組みで核放棄をせまるべきであった。国連憲章でみとめられた以外に他国を攻撃するのはあきらかに「侵略行為」である。

イスラエルのイラク原子炉攻撃が国際法違反であるとすれば、アメリカのイラク攻撃はそれ以上の国際法違反である。イラクは、国連による核査察をうけいれていたので大量破壊兵器があれば、それを完全に廃棄させることは可能であった。アメリカは、みずからの強大な軍事力を誇示したおかげで、イラクは、核査察にいやいやおうじたのだという。もし本当にそうであれば、国連が国連軍や多国籍軍を組成して、イラクに圧力をかければよかったのである。

アメリカにとって、イラクが大量破壊兵器を隠しもっているかどうかなどどうでもよかったのである。世界最強のアメリカ軍が戦争をおこなうつもりで集結し、国連に抵抗されておめおめひきさがったのでは、ブッシュ大統領や戦争遂行派の面子が丸つぶれになってしまうことが事態の本質である。あくまで、反米・反イスラエルのフセイン政権をたおすことが目的であった。

同時多発テロをうけたアメリカにとって、おめおめ攻撃される愚をくりかえすことは許されない。アメリカに脅威をあたえる可能性のあるテロ組織は、先制攻撃によってうちたおす。「ならず者国家」に対しては、外交手段などによる抑止は通用しないという。したがって、アメリカみずからがアメリカの脅威と認定し、アメリカを攻撃する能力や意図をもっていると判断すれば、アメリカを防衛するために先制攻撃をおこなうことが可能であるというのが、いわゆるブッシュ・ドクトリンといわれるものである。

この理屈からいくと、世界平和のために存在するはずの国際機関である国連は不要ということになる。アメリカにさからう国とアメリカが判断すれば、勝手に攻撃できることになるからである。アメリカの判断が国際法に優越するという法理論は、はたして成立しうるのであろうか。このような先制攻撃論は、新保守主義（ネオコン）という考え方にもとづくものである。

アメリカのネオコン

新保守主義（ネオコンサーバティブ―略してネオコン）というのは、１９８０年代のレーガン政権のころから強まってきた保守主義の潮流である。それは、①アメリカ単独でも軍事力を行使する、②世界を善悪二元論的な対立構図でとらえ、外交に道義的な明快さをもとめる、③国際協調主義に懐疑的であるという特徴がある（『朝日新聞』２００３年５月１日）。

ネオコンの総帥といわれるリチャード・パール前国防政策諮問委員長は、レーガン政権の国防次官補当時、対ソ強硬姿勢をつらぬいた。ブッシュ政権におけるネオコン台頭にともなって国防政策諮問委員長に就任したが、国防総省が許認可権をもつ企業の顧問であったことを批判されて辞任においこまれた。

ネオコンは、世界にならぶものなきアメリカの軍事力を行使して、世界をアメリカ流の民主主義につくりかえようとする。それは、ちょうど1990年代のアメリカ経済が絶好調のときに、アメリカ型市場原理主義で世界をおおいつくそうとして、グローバル・スタンダードなる概念を世界におしつけようとしたことによくにている。ネオコンは、グローバル・スタンダードなるものの政治・軍事版であるといえよう。

アメリカ型市場原理主義にフランスやドイツは徹底的に抵抗してきた。それは、経済運営に弱肉強食の論理をもちこむものであって、「弱者救済」理念の強いヨーロッパ大陸諸国にはとうていうけいれがたいものであったからである。「アメリカ万歳」の日本とちがって、パリ近郊にディズニーランドが開業してもあまりお客さんはいかず、「浅薄」なアメリカ「文化」を軽蔑するフランスが、アメリカ民主主義の世界への暴力的おしつけに同意するはずがない。

世界は、キリスト教、イスラム教、仏教という宗教のちがい、文化のちがい、民主主義についての考え方のちがいのうえになりたっている。それぞれがお互いの立場や価値観を尊重して、地球上で共存するというのがあるべき姿ではなかろうか。

テロリストを根絶しなければならないことは当然のことであるが、そのテロリストの少なくない部分がアメリカ的価値観の世界へのおしつけ、国際法を無視してもきわめて寛大な措置をとるアメリカのイスラエル政策に反発しているということをよく考えてみる必要があろう。ネオコンにユダヤ人が多いといわれるが、そのため、中東の反イスラエル諸国をたいてアメリカのいうなりにさせるというのであれば、アメリカの民主主義もしれたものである。

民主主義というのは、徹底的に討論し、少数派をも最大限納得させたうえで多数決で決定し全体で行動するという原則である。国際的諸問題については、国連で徹底的に討議して決定し、みんなで行動するというのが、国際民主主義のはずである。ネオコンの考え方は、民主主義の大原則にまっこうから反するものである。アメリカ軍は、アメリカ国民からだけは支持を得ようとして、イラク攻撃の悲惨さはほとんど報道させない。他方で、アメリカ兵の捕虜をテレビ画面にさらし、反米的なマスコミであるアルジャジーラをアメリカ軍が狙い撃ちにしたのではないかといわれている。アメリカ軍は誤爆だといいはっているので、真実は闇につつまれているが。

アメリカのマスコミ

イラク攻撃にあたってアメリカ軍は、大量の記者を従軍させた。米兵と寝食をともにすれば情がうつる。そうすると、従軍記者は、アメリカ軍に不利な事実を報道しなくなる。アメリカでは、イラク市民、子供や女性の犠牲をほとんど報道されなかった。いさましいアメリカ軍の行軍だけが報道された。おそらく、アメリカ人の多くはイラク市民にあまり犠牲者がでずに、アメリカが勝利したと思っていることだろう。ネオコンにとって、これから中東地域にアメリカ民主主義を普及していく手はじめの戦争なのであるから、アメリカ国民の批判をうけずにイラク攻撃を成功させることが絶対的前提条件であった。

アメリカのマスコミは、アメリカによるイラク攻撃に反対する論調を完全におさえこんだ。アメリカが攻撃されたのに、防衛戦争をおこなっているのに、どうして戦争に反対するのだ、「非国民」というわけである。アメリカ人は、国連安全保障理事会の決議のない国際法違反の戦争だとは思いたくはなかったのである。だから、イラクに自由を回復させるための戦争という主張にも共感したのである。

アメリカ国民の戦意向上のために、アメリカ軍による捕虜救出作戦を大々的に報道させた。このアメリカの捕虜は、戦闘でけがをしたのではなく、事故で捕虜として病院にいれられていたのであるが、アメリカ軍は、イラク兵との激戦のすえに救出したかに報道させた。アメリカは、兵隊を大事にする国だということになった。しかしながら、アメリカ軍が救出作戦をおこなったときには、イラク兵はこの病院にはいなかった。そんなことは、従軍記者は知っていたはずである。報道するものの良心が問われる。この救出作戦が映画になるという。なにをかいわんやである。

このように、戦争反対を完全にふうじこめたのは、ネオコンの意図的なものでもあっただろうが、もう一方でアメリカのマスコミにも問題がある。アメリカのマスコミは、さまざまな企業が一体となるコングロマリット形態をとるようになっている。そうすれば、当然、株主の意向にそって報道するようになる。本来、マスコミというのは最大限、真実を報道しなければならない。そうでなければ、日本の戦時中のように「大本営発表」がまかりとおってしまうし、言論統制に屈したマスコミは嘘の報道をし、国家の進路をあやうくするからである。

アメリカでは、イラク攻撃にさいして当初、アメリカに不利な報道をしたテレビ局の視聴率がいちじるしく低下した。大ネットワークからシェアを奪おうとしたテレビ局が、いさましいアメリカ軍の姿だけを報道して高い視聴率をかせいだ。ある程度はマスコミのプライドをもっていた大ネットワークをはじめ多くのマスコミは、アメリカ軍の健闘をたたえるようになってしまった。

その理由は、多少視聴率がおちてもマスコミの良心をつらぬけなくなっしまったことにある。アメリカ型株式資本主義の矛盾である。大株主が頂点に君臨することによって、とにかく視聴率をかせいで、スポンサーから多くの広告収入をえて利益をあげ、配当を増やすとともに株価をあげなければならなくなったからである。「お金」のためには、真実にまで目をつぶらざるをえないのが、アメリカ型市場原理主義の本質であるというと、いいすぎであろうか。

それでも、5月1日にイラクでの大規模な戦闘が終結しても、アメリカ兵の犠牲がいっこうに減少しなかったことは報道せざるをえなかった。その結果、アメリカ国民のイラク攻撃への批判が高まり、ブッシュ政権への支持率はゾグビー社の調べで、9月に支持が45%、不支持が54%と不支持が支持をうわまわった。やはり、「侵略戦争」の本質をいつまでも隠しつづけることはできないのである。

第二章

独仏がイラク攻撃に反対した理由はなにか

アメリカによるイラク攻撃にさいして、フランス・ドイツは、ロシアをまきこんですさまじいまでに抵抗した。ドイツは、前年の総選挙でイラク攻撃反対を公約にかかげた社会民主党が政権を確保したので当然のことであったが、どうしてフランスがあそこまで反対の姿勢をつらぬいたかということが大問題である。

湾岸戦争のときにはフランスは当初、攻撃に反対したものの攻撃が開始されるや戦闘に加わった。しがって、アメリカのイラク攻撃にさいしても、最初は反対しているものの最終的にはイラク攻撃に参戦するとみられていた。事実、フランスは、アメリカ軍の中東配備に呼応するかのように、航空母艦シャルル・ドゴールを地中海に展開させていた。しかしながら、フランスは、イラク攻撃がはじまってもいっこうに参戦する気配をみせなかった。

湾岸戦争当時とイラク攻撃ではどこがちがっていたのか。根本的かつ決定的な相違点は、イラク攻撃時には、ヨーロッパで通貨統合が実現していたことにある。湾岸戦争当時には、通貨統合が議論されていたものの、まだアメリカ・ドルは唯一の基軸通貨であった。ユーロも登場していない段階で、フランスが外交的駆け引きで大失敗すれば、フランス・フランは壊滅的打撃をうけたことは間違いない。世界に赤字をたれながし、つねに暴落という

「爆弾」をかかえていたアメリカ・ドルにかわる通貨を模索していたものの、結局、フランスは、ドルをささえるという「屈辱的」な役割をはたすしかなかったのである。

通貨統合を実現したヨーロッパ、すなわち「ヨーロッパ経済合州国」の「盟主」フランスは、国連を無視するようなアメリカの単独行動主義は許さないという断固たる行動をとろうと決意した。その経済的背景が通貨統合を実現したユーロ圏（通貨統合参加国）である。国連を無視して勝手な行動をとるのであれば、ユーロをドルとはりあう国際通貨にするぞという脅しをかけようとしたのである。冷戦期からアメリカの経済的な不始末の処理をしてきたヨーロッパが、もうがまんならんと「決起」したのである。これがまず第一の理由であるが、第二の理由は政治的な事情によるものである。

フランスは、イラク攻撃前年の大統領選挙で極右政党の大躍進に困惑していた。決選投票で意にそわなかったひとびとが多かったとはいえ、反極右が一本になった結果、シラク大統領が圧倒的に再選された。アメリカのネオコンとフランスの極右が同じだとはだれも思わないだろうが、少なくないフランス人がある程度の共通項をみいだしたとしてもけっして不思議なことではない。したがって、シラク大統領は、アメリカのネオコンが台頭することになるであろうイラク攻撃に反対せざるをえなかったのではなかろうか。

Ⅰ．ヨーロッパと日本

(1) 日欧の経済政策

ヨーロッパのドイツ

戦後ドイツは、先進国で唯一、東西ドイツに分割された。旧西ドイツは、農業地帯をうしなうことにより、農業をフランスに依存しなければならなかった。分割当初は、旧西ベルリンをつうじて東欧や旧東ドイツから流入した大量のひとびとを雇用者として確保することができたので、労働力不足はさほど問題にならなかった。

旧西ドイツは、こうして必然的に西欧経済圏にくみこまれた。ナチス戦争犯罪に謝罪するという見地から、政治的な側面はフランスにまかせ、旧西ドイツは、もっぱら経済的利益を追求してきた。旧西ドイツは、１９５０年代に高度成長を終了したのち、ＥＥＣ(欧州経済共同体)を基盤とする西欧をみずからの「経済圏」とすることによって経済成長を実現してきた。ドイツは、日本よりも輸出依存度の高い国であるが、それは、あくまでＥＣ域内の貿易であって、アメリカへの依存度はそれほど高くはない。

ドイツは、統合されたヨーロッパをみずからの「経済圏」とすることによって、経済成長を実現してきたが、ＥＣ(欧州共同体)／ＥＵ(欧州連合)という統合の枠組みがあったおかげで、域外に対しては共同行動をとることができた。一種のブロック化である。企業は、ＥＣ／ＥＵ内部で相対的に高い収益性を確保することができた。その結果、ドイツは、比較的高い生活水準と長期連続休暇、比較的良好な労働条件を実現できた。

ヨーロッパの経済統合は、単一通貨ユーロを導入することでいちおう完結した。ユーロを強い通貨にするために、通貨統合参加国をはじめＥＵ諸国は、徹底的な行財政改革を断行し、本格的な少子・高齢化時代に対応可能な財政構造を構築した。他方、巨大な単一通貨圏が構築されるので、そこで支配圏を確立し収益機会を拡大すべく、金融機関や企業は、はげしい経営の合理化と効率化をせまられた。ＥＵは、通貨統合を契機にして、文字どおり財政・金融ビッグバンを断行したといえよう。

ＥＵにはいずれ多くの中・東欧諸国が加盟し、アメリカに匹敵する大経済圏が地球上に登場する。深刻な構造的諸問題があるにしても、ユーロ導入によって、内部に巨大な市場をかかえこむ「大陸国家型」経済を実現したＥＵ経済は、たとえアメリカに「経済制裁」をうけたとしてもびくともしない構造を構築してきた。むしろ、アメリカ経済の弱点が顕在化すればかえって、資金がヨーロッパに逆流し、ユーロがますます強力な通貨になり、ヨーロッパ経済が高揚していくことになるであろう。ここがアメリカ依存型経済を構築してきた日本との根本的なちがいである。

日本のアメリカ依存

「大陸国家」アメリカと「民族国家」日独では、経済成長の類型はおのずと異なっている。広大な国内市場を有するアメリカは、外国貿易に依存する比重が「民族国家」とはくらべものにならないくらい低い。しかも、「大陸国家」として広大な国内市場をかかえるとともに、巨大な経済力と比類なき軍事力をもつがゆえにドルは基軸通貨として君臨できる。アメリカの企業だけは、ドル決済をおこなうかぎりで為替リスクはない。

１９７１年の金ドル交換停止によるＩＭＦ(国際通貨基金)体制の崩壊で金の裏づけをうしなったアメリカのドルが、その後も基軸通貨として機能してきた根拠は、アメリカの強大な経済力・技術力、発達した巨大な金融・資本市場、超絶的な軍事力・軍事技術にある。これに対抗可能なのは、「大陸国家」としてのロシアや中国であろうが、しばらくはむずかしい。ましてや、「民族国家」たるドイツや日本では不可能である。したがって、ドイツは、「擬似大陸国家」たるＥＣ／ＥＵに参加したのである。欧州統合はついに通貨統合にまでいたったので、ドイツは、まさにユーロ圏(通貨統合参加国)をより完成度の高い「国内市場＝擬似大陸国家」とすることができた。

ひるがえって、日本は、軍需工業に特化した戦前の重化学工業をほとんど利用することができなかったので、戦後、あらたに重化学工業をつくりあげなければならなかった。それは、「投資が投資をよぶ」という設備投資主導の高度成長であって、とりあえず広大な市場を必要としなかったが、高度成長の過程でアメリカへの輸出を増やした。

そして、高度成長が終了すると、もっともあたらしい重化学工業設備が生みだす大量の商品を売りさばく巨大な市場がますます必要となった。しかし、残念ながら、日本の国内市場は、およそ「経済発展法則の常識をこえる」ほどの高度成長が、とりわけ生産財部門の設備投資主導でおこなわれたために狭隘で、ＧＤＰにしめる個人消費の比率は低く、国内に十分な市場は存在しなかった。そうこうするうちに、１９７５年には、戦後最悪の本格的な不況にみまわれた。そこで、広大な市場をそれまでのアメリカのほかにヨーロッパ諸国にもとめるとともに、大量の国債の発行による公共投資というかたちでの国内需要喚起政策を本格的に実行した。国内的には、ここから「国土破壊型」公共投資がはじまり、１９９０年代末までつづけられた。

本来であれば、ここで日本の経済構造を公共投資中心ではない内需主導型に転換したうえで、ドイツがヨーロッパでおこなわざるをえなかったように、アジア共同体ないしはアジア経済共同体のようなものの結成に尽力すべきであったのではなかろうか。その前提は、戦争犯罪にきっちりとけじめをつけるということなので、むずかしかったであろうが。

そうすれば、ここまで深刻な平成大不況は生じなかったであろう。というのは、日本経済がアメリカ経済の動向に大きく左右されるようになったからである。日本からアメリカへの輸出、アジアを経由したアメリカへの輸出という構造ができあがったので、１９９７年にアジア通貨危機が生ずると、金融不安がつづいていた日本がついに深刻な景気後退にみまわれた。アジア経済もアメリカ依存によって甚大な被害をうけた。

２０００年にアメリカ経済が景気後退におちいると、２００１年には、株価は「バブル経済」崩壊以降の最安値まで暴落し、その後も最安値を更新しつづけ、平成大不況はついに「平成恐慌」の段階に到達した。それでも、ネットバブルが崩壊したとはいえなんとかアメリカ経済がもっているので、アメリカへの輸出によって、日本経済はかろうじてパニックを回避できた。ここで、アメリカのイラク攻撃に反対し、ご機嫌をそこねて報復をうけたら日本経済は本当に崩壊の危機をむかえてしまう。

イラク攻撃に頑強に反対したフランスへの腹いせで、アメリカでフランス・ワインのうりあげが落ちても、フレンチ・フライがフリーダム・フライと呼び名をかえられてもＥＵの盟主フランス経済はびくともしないが、アメリカで日本車が売れなくなったら日本経済はまちがいなく「恐慌」という奈落の底につきおとされる。ここに、戦後、アメリカ依存型経済を構築してきた日本経済の最大の弱点がある。

(2) 日本政府と日本国民

日本政府のイラク攻撃支持

国連決議なしのイラク攻撃というのは、アメリカがどんな屁理屈をふりまわそうと国際法違反の「侵略行為」であることはあきらかである。したがって、日本政府は、当初、アメリカが国連決議なしにイラク攻撃を強行することはないとふんでいたふしがある。とくに、フランスのシラク大統領と会談した日本の外務省高官に、別れまぎわに大統領が「ニヤッ」と笑ったということを根拠に、イラク問題というのは、各国の利権がからんでいるので、フランスはごちゃごちゃいっているが、結局、最後には国連決議に賛成するという確信を外務省がもったという。真偽のほどはあきらかでないが、政府の認識はこのようなものであったのだろうと推察される。

第二次大戦後、アメリカ依存型経済を構築してきた日本にとって、外交はすべてアメリカのいうままであった。それはちょうど、ヨーロッパ統合のなかで政治・外交をフランスにまかせたドイツと似たようなものであったかもしれない。しかし、日本とドイツの決定的なちがいは、ドイツがヨーロッパ統合という壮大なプランをフランスと共有していたが、日本はまったくビジョンをもたず、アメリカのいうままに行動してきたところにある。

独自の外交をおこなうわけではないし、アメリカのいうとおりにしていればいいので、在外公館の外交官の仕事は、日本から文字どおり「外遊」にきた政治家や当該国政治家・高官の接待が中心であった。外交官の資質は、どれだけ酒を飲めるか、どれだけウイットのきいたジョークがいえるかということで判断された。だから、アメリカの「腰巾着」の日本が世界から相手にされることはないし、信用されることもないのはあまりにも当然のことである。国連安全保障理事会の常任理事国になれないのはもちろんのこと、理事国にもたまにしかなれないのはしかたがない。

国連に全世界の拠出金の2割もだしているのに、理事国にもなれないとなげくのであれば、財政赤字が深刻なので拠出金を十分の一にすると宣言すればいいのである。日本というのは、国際社会からすれば、「金はだすけど口はださない」というきまえのいい「若(馬鹿?)旦那」なのであろう。

この日本の無策外交をまたまた世界にさらけだしたのが、日本政府によるイラク攻撃支持である。世界中をふきあれたイラク攻撃反対の嵐で国連決議の採決が困難となると、ついにアメリカは国連決議の採択を断念した。アメリカ提案の国連決議案がフランスの拒否権行使などによって否決されるということになれば、アメリカの面子は丸つぶれになるからである。そこで、アメリカは、攻撃に先立つ18日にイラク攻撃に賛成するイギリス・スペインと協議して、48時間以内にフセイン親子はイラクからでていけ、さもないと攻撃すると宣言した。世界はいつからこんな子供のけんかよりもお粗末なことが堂々とまかりとおるようになったのであろうか。あの極悪非道のヒトラーでさえ、侵略するには侵略するなりの屁理屈をこねたものである。

アメリカのブッシュ大統領が攻撃宣言をおこなったら、間髪をいれずまってましたとばかりに小泉首相は、アメリカによるイラク攻撃に対する明確な支持を表明した。このときほどアメリカは、理不尽なイラク攻撃を支持してくれる日本をありがたいとおもったことはないであろう。

日本国民の責任

このアメリカによるイラク攻撃に対して日本国民の7割ちかくが反対した。マスコミなどで政治評論家と称する少なくないひとびとがいくらアメリカの立場を擁護しても、その「詭弁」に「だまされる」ことはなかった。あまりにもあきらかな国際法違反だからである。これほどだれにでもわかりやすい国際的な出来事もめずらしい。そのかぎりでは、日本国民の感覚はきわめて健全であった。

したがって、こうした国民の圧倒的なイラク攻撃反対のなかで、支持率に異常にこだわる小泉政権がアメリカ支持を表明すると、へたすれば政権の命取りになってしまう可能性があった。そこで、狡猾にもこの日本国民の健全さをまどわすようなすさまじい詭弁が考えだされた。

アメリカのイラク攻撃を支持しないとアメリカはへそを曲げて、北朝鮮が日本を攻撃したときに助けてはくれないだろう。それがわかれば、北朝鮮はなんの躊躇もなく、ミサイルを日本に撃ちこんでくるかもしれない。日本には、ミサイル攻撃を防衛する能力がないので、もしそうなったら、日本で多くの犠牲者がでるだろう。したがって、アメリカのご機嫌を損ねないように、不本意ではあるがイラク攻撃を支持しなければならない。こういう理屈である。

たしかに、アメリカのイラク攻撃にあくまで反対したフランスに対して、イラク戦後におこなった徹底的な報復をみればそうなったかもしれない。事実、イラク大規模攻撃直後の２００３年6月にフランスのエビアンで開催されたサミットでブッシュ大統領はシラク大統領の顔をみたくなかったのか、それほど緊急・重要な用事もないのに途中できりあげてしまったのである。

日本人は、いつからこれほど情けない国民になりさがったのか。北朝鮮からの攻撃で日本国民の犠牲者がでないようにするためであれば、罪のないおおぜいのイラク市民が犠牲になってもやむをえないというのであろうか。安価な石油確保や軍事産業をもうけさせるために、大義もなしに戦争をするというのもひどいはなしであるが、自分たちが犠牲者にならなければ、他国の国民が犠牲になっても「しかたがない」というのも、なんともやりきれないことである。

けっして少なくない日本国民が、このような詭弁にまどわされてアメリカのイラク攻撃を消極的に支持するようになったといえるのではなかろうか。イラク攻撃が開始されたら小泉政権の支持率は10%低下するといわれたのに、このような詭弁とイラク大規模攻撃が短期間で終わったので、このときには、支持率が低下することはなかった。むしろ逆であった。イラク攻撃後の２００３年4月19・20日に「朝日新聞」が実施した世論調査によれば、小泉内閣の支持率は前回の3月29・30日の43%から45%に上昇している。支持しないというのも42%から38%に低下している。さらに、イラク攻撃反対も63%とわずかであるが前回の65%よりも低下している。それでも国民は6割以上がイラク攻撃に反対していた。

アメリカのイラク攻撃を支持するかしないかということと北朝鮮への対応というのは、まったく次元の異なる問題である。事態の本質は、もし北朝鮮が日本を攻撃してきたとしても日本が独力で防衛できないというところにある。これでは、主権国家とはいえない。日本が憲法で戦争放棄を高らかにうたいあげているのは、第二次世界大戦にいたるまでの日本の東アジア諸国への侵略行為の反省からである。自国民に犠牲がでるかもしれないとなれば、事態の次元はまったくちがってくる。

したがって、北朝鮮からのミサイル攻撃に対応しうる防衛力を早急に完備しなければならない。軍事衛星で北朝鮮のミサイル施設を監視し、もし燃料充填がなされ、日本へのミサイル発射が確実になったらミサイル基地の攻撃をしてもよい。これも防衛である。うちあげられたら撃墜する手段がなく、国民に犠牲がでることはあきらかだからである。小泉首相がいうように、外国からのミサイル攻撃で国民に犠牲者がでないかぎり反撃できないというのが専守防衛であるというのも理解できない。国民の生命をなんとしてもまもるのが国家の使命であるはずなのに、そんなことを平然という総理大臣などやめてもらわなければならない。

いまこそ、日本をいかにして独自で防衛するかという議論を活発におこなうべきである。アメリカが自国の利益にもならないのに、日本人のためにアメリカ軍兵士を危険にさらすはずがない。このことを、日本は、自分の身になって考えるべきである。自分たちさえ助かれば、外国のひとびとが犠牲になっても「しかたない」という発想は絶対にもってはならない。

Ⅱ．ヨーロッパの反撃

(1) ドイツの立場

総選挙でのイラク攻撃不参加公約

ドイツはアメリカのイラク攻撃に反対し、参加しなかったが、それは、2002年9月22日におこなわれた総選挙でシュレーダー首相がそれを公約としてかかげ、政権与党が勝利したからである。首相は選挙戦で、アメリカのイラク攻撃構想を「冒険」であると批判し、ドイツは「ドイツの道」をあゆむと宣言した。選挙戦終盤にシュレーダー政権の法相が「ブッシュは国内問題から目をそらすためにに対外侵略をしようとしている、ヒトラーと同じだ」とのべてアメリカを激怒させた。たしかに、ヒトラーよりひどいとは思うが、閣僚は、そんなことをいうべきではないだろう。

シュレーダー首相は、前回の総選挙で失業者を350万人に減らすという公約をかかげて政権を奪取したが、実現できなかった。その前の政権であるコール政権の末期に失業者は400万人を超えていたが、シュレーダー政権になって一時減少したものの、また400万人を突破した。前回総選挙時1998年9月18日の株式指数（DAX）は4623・37であったが、2002年9月18日には3124・92まで下落し、1998年1～6月の倒産・破産件数は1万7075件であったが、2002年1～6月期は3万9700件に増加した。

このように、シュレーダー政権の経済政策の失敗でドイツ経済がめちゃめちゃになったのであるから、総選挙で野党キリスト教民主・社会同盟が政権に復帰するのはあきらかであったし、事前の予想もそうであった。そこで、シュレーダー首相は、イラク攻撃に過半数が反対している国民の幅広い支持を得て、政権を維持しようとしたのである。こうした選挙戦術がピタリ的中し、連立与党（社会民主党251議席、90年連合・緑の党55席）が連邦議会定数598議席の過半数をわずかに7議席であるがうわまわって勝利した。

これに激怒したのがアメリカのブッシュ大統領である。選挙戦の終盤に閣僚のひとりに「ヒトラーと同じ」といわれたこともあいまって、同盟国の指導者が選挙で再選されればお祝いの電話をするのが普通であるにもかかわらず、ブッシュ大統領はそれをしなかったという。

アメリカ市場原理主義への対抗

ドイツにおける経済政策理念というのは、歴史的にみてもかならずしも資本主義の原理に忠実なものではない。協同組合運動は早くから活発であったし、金融業でも最初に活発に業務を展開したのは、信用協同組合や貯蓄銀行であった。貯蓄銀行は、庶民に質素倹約をすすめ、貯蓄を奨励するために設立されたものである。庶民が安心して貯蓄できるためには、それがもしかしたらつぶれるかもしれない民間金融機関ではだめである。したがって、貯蓄銀行というのは、市町村が最終的に債務保証する公的金融機関として設立された。庶民から貯蓄預金をあつめ、それを自治体金融や住宅金融に投入した。

戦後ドイツの経済政策理念は、社会的市場経済というものである。それは、ひとつは、ナチス期の統制経済への反省からでてきたもので、経済システムを自由な競争原理にまかせるというものである。競争原理がはたらかなければ、経済が効率化しないからである。したがって、ドイツでは、戦後、競争力のない産業や企業は容赦なくつぶされてきた。国営化して生きのびさせるということはなかった。

しかし、それだけであれば、アメリカ型の競争原理万能の市場至上主義とかわりがない。ここで重要なことは、企業がつぶれるのは、経営者の経営能力の欠如によるものであって、従業員には責任がないということである。したがって、ドイツの失業者対策は徹底している。2年や3年は失業保険がでるし、その後もある程度生活が保証されている。あんまり生活が保証されているので、職探しに親身になっていないという批判がでるほどである。

競争原理を徹底すると、もっとも規模の格差がでるのが金融サービスの分野である。小口の預金はコストがかかるわりにもうけは少ないし、最低投資単位で株式投資をする投資家は商売にはならない。したがって、アメリカのように金融サービスに競争原理を徹底されると、小口の預金者は金融サービスをうけられなくなる。庶民金融機関がほとんどないからである。小口預金は、口座維持のために手数料すらとられる。ドイツでは、庶民金融機関として、貯蓄銀行の金融ネットワークが完備しており、小口の預金も喜んでうけいれてくれる。ドイツにはあんまりいないが、貯蓄銀行は、証券業務も兼営しているので株の売買もできる。庶民向けの住宅金融システムも充実している。貯蓄銀行を完全民営化しろという声もあまり大きくない。中小企業や農民も信用協同組合から金融サービスをうけられる。

庶民金融というのは、住宅ローンのように、生活の基盤である住宅を取得する庶民を金融面で手助けをするというものである。なるべく多くのひとに質の高いよい住宅をもってほしいというのが根本的な理念である。これは、経済の論理ではなく、社会政策の領域にぞくするものである。この住宅金融の分野のすべてに競争原理を導入したら、ローンをくめず住宅をもてないひとびとがでてきてしまう。

経済政策と経済理念

アメリカでのハイテク・バブルの崩壊と２００１年11月に生じた同時多発テロによって、アメリカ経済の低迷がはっきりしてきたが、ブッシュ政権は、対テロ戦争を大義名分にして、軍事費の拡大による軍需産業てこいれで景気の低迷をおさえこもうとしている。しかしながら、軍事費の拡大による経済成長という方法は歴史的に破綻している。

本来であれば、好景気のもとでも高所得者層ほどは恩恵をうけなかった庶民の消費拡大や社会福祉の充実によって景気のてこいれをはかるべきであるが、ブッシュ政権にそれはできなかった。その政権の基盤となっているのが、エネルギー企業と軍事企業だからである。大統領選挙で借りをつくったエネルギー産業へは、化石エネルギー削減をめざす京都議定書の批准を拒否することで約束をはたした。その癒着が白日のもとにさらされたのがブッシュ政権とエンロンとの癒着事件である。いままた、膨大な軍事費を軍需企業に献上している。

ネットバブル崩壊にともなうアメリカ経済の低迷によってヨーロッパ経済、とりわけドイツ経済も低迷した。アメリカでのハイテク部門の需要の不振もあって輸出が伸びず、ドイツ企業が設備投資と建設投資を削減したからである。２００１年の実質ＧＤＰ成長率はプラス０・６％で、93年のマイナス１・１％以来の低水準となった。その結果、ドイツ政府は、２００２年の実質ＧＤＰ成長率のみとおしを当初のプラス１・25％からプラス０・75％にひきさげた。

景気低迷のため財政赤字も増大し、２００１年の財政赤字の対ＧＤＰ比は２・６％前後まで上昇した。２００２年にはこれが２・７％に上昇することがみこまれた。景気がさらに悪化すれば、通貨統合への参加後にも財政赤字をＧＤＰ比３％におさえるという協定に反する可能性もでてきた。そのため、欧州委員会は、同じく財政赤字が拡大しているポルトガルとドイツに対して、財政均衡政策をとるように警告することをきめた。実際に警告はおこなわれなかったが、きびしい状態におかれていたことは事実である。

ドイツは、景気が低迷してきたからといって、アメリカのように短絡的に軍事経済に傾斜することはない。アメリカとドイツでは、経済諸条件がまったく異なることもあるが、経済哲学が根本的にちがうのである。ドイツには、人間だけがよければいいということに若干の疑問をもち、地球のなかの人間としての自覚をもった経済活動、ヨーロッパ全体が平和で豊かになろうという経済政策、経済政策と社会政策の結合、弱者とともに生きていく、このような考え方が強いように思われる。

ひとびとはものを大事につかう、自分で修理してつかう。企業は、自社製品を修理していつまでも使ってもらえるように部品を何十年もとっておく。きわめつけはドイツ人のケチ。これでは資本主義にとっての「疫病神」である。

このような経済思想と経済理念をもつドイツ国民が、安価で大量の石油確保、軍事費の拡大による景気のてこいれ、そして「大統領選挙めあて」になりふりかまわずイラク攻撃にはしろうとすることにノーをつきつけたのも当然のことであろう。したがって、ドイツ政府がイラク攻撃に反対したというのは、たんなるシュレーダー首相の党利党略によるものであるともいいきれないであろう。

(2) フランス大統領の深謀遠慮

フランス大統領選挙での極右台頭

2000年2月にオーストリアで右翼政党が政権に参画し、2001年6月にはイタリアの右翼急進派が政権に復帰した。2002年5月にはオランダの総選挙で右翼フォルタイン党が第二党に躍進した。こうしたヨーロッパにおける右翼政党の躍進のなかで、フランスだけは、極右台頭に批判的で「人権の母国」の良識をしめしていたかにみえていた。ところが、フランスのこの良識派を驚愕させる」出来事がおこった。

2002年4月21日におこなわれたフランスの大統領選挙で、なんと極右政党である国民戦線のルペン党首が現職のシラク大統領とともに5月5日におこなわれる決選投票にすすんだからである。国民戦線と国民戦線から分離したメグレ党首の得票率を合計すると極右の得票率は19・2％で、シラク大統領の19・88％とほぼ互角であった。ただし、20％弱というのは、前回1995年の大統領選挙とほぼ同じであって、前回23％の得票率を得た社会党のジョスパン首相が16％におちこんだので、相対的に浮上しただけだということもいえるかもしれないが。

これは、どうせ第一回投票でシラク氏は過半数をとれないので、決選投票でジョスパン首相に投票すればよいとして、社会党支持者が第一回投票を大量に棄権した結果であるといわれている。しかし、IPSOS社の調査によれば、極左政党支持者の13％、社会党と共産党の支持者のうちそれぞれ7％、大統領の与党である共和国連合の支持者の11％がルペン党首に投票したということからして、やはり極右政党が躍進するにはそれだけのわけがあったといえよう。

極右台頭に危機感をもった多くのフランス人は、反極右のデモをくりひろげ、5月1日にはフランス全土で130万人が参加した。左翼支持者は、シラク大統領をいやいやながら支持し、大統領候補であったユー共産党議長もシラク氏への投票をよびかけた。結局、5月5日におこなわれた決選投票でシラク氏が82・21％、ルペン氏が17・79％の得票率を得て、シラク氏が大差で再選された。左右両派による極右政権阻止という主張がフランス国民にうけいれられたのであろう。

ルペン氏は、決選投票で553万票あまりを獲得し、第一回投票から約72万票増やした。支持はしても政権を獲得したら大変だとして、第二回投票でルペン氏への投票を断念したひともふくめると、あらたに獲得したルペン氏支持者は200万人にもたっするといわれている。ルペン氏は、大統領選挙(第一回目の投票)で1988年438万票、95年457万票、2002年480万票、そして553万票と着実に票を増やしてきている。

ただ、この大統領選挙の直後の5月9日におこなわれたフランスの総選挙(第一回目)において、極右政党の得票率は12・55%と、前回97年の総選挙(第一回目)で獲得した15・04%をしたまわった。これは、さらなる極右の台頭を許さないというフランス国民の確固たる意思がしめされたものであるといえよう。

グローバリズムと極右への対抗

フランスのみならずにヨーロッパおいて、極右政党が台頭してきた大きな要因のひとつにグローバリズムの浸透があげられる。アメリカ型の市場原理主義を世界のすみずみまで広げていこうというのがグローバリズムであるが、これは、結果的に、競争原理の拡大によるきわめて少数の勝者と圧倒的多数の敗者を生みだす。

ここからヨーロッパ・ナショナリズムがでてくる。それは、非ヨーロッパとのちがいをきわだたせ、ヨーロッパの弱者を救い、ヨーロッパの弱者すなわち失業者を生みだす元凶である非ヨーロッパ諸国からの移民を敵とするものである。この考え方は、アメリカ以外の価値観をみとめず、アメリカ的価値観を世界におしつけるために戦争までおこなうアメリカのネオコンの考え方にもつうじるものであろう。

だから、反極右の一点だけで当選したシラク大統領にとって、「公約遵守」という観点から、アメリカのネオコンが主導するイラク攻撃に反対のポーズだけはみせなければならなかったのではなかろうか。イラク攻撃が成功し、イラクがうまく平定されれば、ネオコンがアメリカ政府を牛耳るようになる。その結果、世界が戦争の渦にまきこまれてしまう危険性が高まるからである。しかし、それは、あくまで「選挙公約」の遵守という「ポーズ」にすぎなかったのであるが、フランス国民は、本気でそれをうけいれてしまった。

イラク大規模攻撃真っ最中の3月末にフランスの有力新聞であるル・モンド紙がおこなった世論調査によれば、「戦争でどちらに味方するか」という設問に対して、米英側と答えたのは34％と一番多かったのは当然である。しかし、なんとイラク側という答えがじつに25%、四分の一にのぼり、どちらも味方しないという回答が31%にもたっした。シラク氏が極右台頭の背景となった厳然として存在する「階級社会」の諸問題を解決するのではなく、国内問題を国際問題にすりかえたのであるが、それが予想以上に効果を発揮しすぎて、イラク攻撃後のフランス外交の手をしばってしまった。フランスがイラク攻撃後、アメリカとの関係修復に苦慮するのはそのためではなかろうか。

ところで、フランスにおいて極右台頭の背景となったきわだった事情として、いまだ「階級社会」が厳然と存在することにある。そこをつく極右がある程度支持を得るのはあたりまえのことである。ルペン氏は、ヨーロッパ通貨統合で財政的な独立をうしない、社会的・政治的独立が侵害され、ヨーロッパのグローバル化をすすめるEUからの脱退をもとめている。さらに、フランスの階級社会、とくに、フランスの社会システムは、国民から意識が離れ、腐敗した高級官僚出身者によって支配されてきたということを指弾する。フランスは、「満足している特権階級」と「十分な生活が保障されていない大部分の市民」のふたつにわかれているが、ルペン氏の国民戦線は、インテリ側ではなく、労働者の賃金ひきあげを重視する側にたっているという(『朝日新聞』2002年4月26日)。

IPSOS社の調査によると、ルペン氏への支持は女性よりも男性に多く、労働者の3

割、農民の2割が支持しているが、管理職は8％にすぎない。また、リベラシオン紙によれば、大学入学資格のないひとのうち25％、収入1万フラン以下のひとのうち23％もルペン氏を支持し、低学歴・低所得者層を極右がひきつけたのはまぎれもない事実である。

フランスの既成政党にこのフランスの階級社会を「ぶっつぶす」ことはできない。右も左もそのかぎりで「同じ穴のむじな」である。だから、階級社会をぶっつぶして、移民を拒否し、労働者・農民・年金生活者など弱者をまもる社会をつくるといえば、極右がある程度支持をうけるのは当然のことである。このうねりをおしとどめるには、右も左も一緒になってシラク氏を当選させなければならなかったし、国民の不満をおさえるために、フランス人に潜在的に存在している反米感情に訴えざるをえなかったのである。

一期目の大統領の実績

このようなフランスの国内事情にまんまとのせられたのが、アメリカのブッシュ大統領であった。だれがみても理不尽なイラク攻撃をブッシュ大統領に強行させたのがシラク大統領だったといっても過言ではない。対テロ戦争で一致し、アフガン戦争ではフランスはアメリカと協力して戦ったのであるから、結局、イラク攻撃だってフランスは賛成するとブッシュ大統領はたかをくくっていた。フランスのおかれた複雑な国内外事情をまったく理解していなかった。ブッシュ大統領は、「地球は自分のまわりをまわっている」と誤解していたのである。

しかし、国連安保理でのフランスの強硬な姿勢にめんくらい、最後はフランスが拒否権を発動するとなったら、「短気で単純な」ブッシュ大統領はついに「きれた」。アメリカが提出したイラク攻撃をみとめる国連決議が否決されても、なおかつイラク攻撃を強行すればあきらかな国際法違反になる。そこで、勝手に以前の国連決議をもちだして攻撃を自分に都合のいいように正当化した。そんないいかげんな解釈が国際社会で通用するはずがなかった。国連安保理において、正論をもってアメリカを追及するフランスの外務大臣やシラク大統領の人気がいっきに高まった。世界のひとびとには、国際法を無視して石油確保と戦争経済の遂行をむりやりすすめる「悪役アメリカ」、それに敢然とたちむかう「正義の味方フランス」という構図にうつった。

これは、シラク大統領の一期目の失政を隠蔽する「芝居」であった。大統領選挙で極右に対抗するために、しかたなく左翼陣営は決選投票でシラク氏に投票した。したがって、選挙戦では、シラク大統領の一期目の評価はおこなわれなかったが、当選してしまえばなしはかわる。シラク大統領の一期目の実績は惨憺たるものである。これが本当に大統領選挙の争点になっていれば、そんなに簡単に当選できなかったはずである。第一回目の投票で左翼がたかをくくって棄権してくれたおかげで、かろうじて救われたのである。

シラク大統領は、一期目就任直後の１９９５年に核実験を強行し国際的なきびしい批判をあびた。97年には、国民議会を解散しておこなった総選挙で敗北し、社会党のジョスパン首相とのコアビタシオン（保革共存政権）を余儀なくされた。大統領が右派で首相が左派では政権運営がうまくいくはずもなく、みるべき実績もあがらなかった。金銭スキャンダル疑惑もつきまとっていた。今回の大統領選挙の前年には、共和国連合に建設業者から裏金がまわった疑惑について、大統領自身が予審判事から出頭要請をうけたが、それを拒否した。

フランスの大統領選挙が終了したらこれらの諸問題が噴出するはずであったが、アメリカで11月の中間選挙をめぐって共和党と民主党とのつばぜりあいがはじまり、世界情勢が大きく転換しつつあることをシラク大統領は敏感に察知し、それをてこに反転攻勢にうってでた。フランス政治家のしたたかさをほうふつとさせるものであった。

強いフランス

フランスで大統領選挙がおこなわれた2002年5月には、アメリカでも政権をゆるがしかねない重大な問題がもちあがっていた。ブッシュ政権が同時多発テロの予兆を察知しながら適切な対応をおこたり、阻止できなかったのではないかという疑惑である。とくに、ハイジャックの可能性についての連邦捜査局（FBI）の機密メモが同時多発テロ以前に大統領につたえられたことを5月15日に大統領報道官が認めたことで、議会や世論のはげしい批判をあびはじめていた。

FBIの第一線の捜査官が同時多発テロの事前情報を本部に報告しても黙殺されたという書簡を5月下旬にFBI長官と連邦議会におくった。こうした疑惑を解明するために、民主党からは、両院の合同調査委員会をもうけるべきであるとか、同時多発テロ以前に大統領がうけたテロ関連機密報告を公表すべきだという声がではじめた。中間選挙のまえにして、同時多発テロを知っていたにもかかわらず、有効な措置をとらず、すさまじい被害をうけたということが明白になれば、大統領が辞任するだけではすまされなくなる。

そこで、中間選挙で勝利するために、どうしても戦時体制の維持が不可欠であった。戦時中の大統領は、選挙で敗けたことがないといわれるからである。そこで、ブッシュ政権はさっそく、本格的なイラク攻撃の準備を開始した。

このアメリカによるイラク攻撃準備は、国連決議が審議されるよりもさきにおこなわれた。アメリカは、大部隊をイラク周辺に展開し、そののちに国連にお墨つきをうければいいと考えたのであろう。ブッシュ大統領は、国連安保理でよもやイラク攻撃決議がとおらないなど夢にも思わなかったことであろう。こうして、戦時体制を「演出」し、アメリカ軍の大部隊をイラク周辺に集結させたおかげで、同時多発テロについての不手際が「免罪」され、11月の中間選挙は共和党の大勝利に終わった。こうなれば、なんとしてもイラク攻撃を実行しなければならない。

フランスのシラク大統領は、イラク攻撃をいそがざるをえないアメリカの事情を逆手にとって、内政の失敗を隠蔽し、強いフランスを演出するために、フランス国民の目を外にむけさせようとした。アメリカがあせって国際法を無視してまでイラク攻撃をおこなってくれればしめたものというわけである。ブッシュ大統領の性格からしてそうなる可能性が高い。かくして、ブッシュ大統領は、まんまんと老練でしたたかなシラク大統領の術中にはまったのである。２００３年になると世界中に戦争反対の嵐がうずまいた。

理不尽なアメリカのイラク攻撃を阻止するために奮闘したフランスの大統領は、良識ある大統領として歴史に記述されるはずである。

しかしながら、フランスがあくまでイラク攻撃に反対したのは、それだけの理由からではない。フランス国内にいるイスラム教徒約500万人を敵にまわしたくないということもある。これらの政治的な側面をのぞけば、さらに重要で決定的な動機は、1999年に導入された単一通貨ユーロをドルにかわる国際（基軸）通貨の地位につけ、ヨーロッパをアメリカと対等な大経済圏とするという野望であった。

Ⅲ．ユーロ対ドルの攻防

(1) 第二次大戦後のフランス

栄光のヨーロッパ

中世ヨーロッパは世界の中心であり、そのヨーロッパの中心がフランスであった。イギリス王室ですらフランス語をつかっていた。そのイギリスからのがれていったひとびとが建国したのがアメリカである。産業革命でイギリスに少々さきをこされたものの、いちはやく資本主義経済を発展させた。しかし、重化学工業の段階になるとドイツとアメリカの後塵を拝するようになった。

19世紀末の普仏戦争でドイツ統一以前のプロイセンに敗北したものの、第一次大戦と第二次大戦では、連合国として勝利した。他方で、第一次大戦後には、イギリス・ポンドが排他的に有していた基軸通貨の地位の一部をアメリカ・ドルが獲得した。第二次大戦をつうじて、フランスは、ナチス・ドイツの攻勢にあまり抵抗できなかった。当初、パリを無傷でヒトラーにあけわたした。もちろん、パリがほとんど無傷でのこったおかげで、いまだに世界の観光客をひきつけている。パリ「無血開城」は歴史的英断であったと思う。

第二次大戦では、ヨーロッパ全土が戦場となった。敗戦国ドイツはもとより、戦勝国であるはずのイギリスやフランス、「枢軸国」であったもののいちはやく降伏したイタリアなど、その経済的疲弊はすさまじいものであった。それに対して、アメリカだけは、戦時中に世界の工場となり、その経済的富の蓄積は膨大なものとなった。西ヨーロッパが復興するには、マーシャル援助というかたちでのアメリカの情にすがるしかなかった。しかし、それとても、世界中に軍事物資を供給したアメリカの戦時中のすさまじい拡大再生産の結果生みだされた過剰物資をさばくためのものであった。そうしなければ、戦争が終結したらアメリカは大不況におそわれたはずである。

旧ソ連は、旧東ドイツなどから過酷な賠償をとりあげた。複線の線路の片一方をもっていっても列車は走れるが、単線すらはずしてもっていってしまったので列車が走れなくなったこともあった。旧ソ連は、ありとあらゆるものを賠償品として接収した。それに対して、自由社会の維持のために「慈悲深い」アメリカは、西ヨーロッパ諸国に豊富な復興物資を「無償援助(援助をうけた国は、売却代金を見返り資金として蓄積できたので自国の投資などに利用できた)」した。

世界大戦で勝利したのに、アメリカの「ほどこし」をうけなければならなかったフランスがいかにくやしいおもいをしたかは、察してあまりある。しかも、第二次大戦で旧ソ連軍が連合軍よりも早く東ヨーロッパをファシズムから解放したので、東ヨーロッパ諸国ばかりか、ヨーロッパにおける大工業国であるドイツまでも、その一部が「社会主義国」として旧ソ連圏にくみこまれてしまった。

第二次大戦で「荒稼ぎ」したアメリカと軍事大国となった旧ソ連という「超大国」のはざまで、フランスは「小国」としてプライドをすててアメリカのいうがままに生きのびていくしかなかった。それは、フランスにとって、「生きた屍」・「生き恥」をさらすものであったにちがいない。そこで、フランスは遠大な構想をぶちあげて、着実に実行してきた。

フランスの野望

いかにフランスとはいえ、一国だけでとうてい政治的・経済的に米ソ両「超大国」にたちうちできるものではなかった。そこで、東部地域が「社会主義」にとられたとはいえ、ヨーロッパ最強の工業地域がのこった旧西ドイツをひっぱりこむことをもくろんだ。ゲルマン民族が多いドイツの経済圏は東ヨーロッパであって、ラテン系が多いフランスとうまがあうはずがない。通常であれば、フランスとドイツが政治的には当然のこと、経済的に組むということも考えづらい。しかしながら、世界史の大転換がそれを可能にした。

東部農業地帯と工業製品の市場・販路であった東ヨーロッパが「社会主義国」となってしまった以上、農業をヨーロッパ最大の農業国フランスに、重化学工業製品の市場を西ヨーロッパにもとめるのはきわめて自然なことであった。日本のようにアメリカに市場をもとめるという選択肢もなかったことはないであろうが、もうひとつの要因がそれを不可能にした。それは、ドイツが戦後、アメリカ、イギリス、フランス、旧ソ連の分割占領下におかれたからである。

アメリカ、イギリス、フランスの占領地域は旧西ドイツとして、旧ソ連の占領地域は旧東ドイツとして１９４９年に暫定的に独立したものの、国際法上では、依然として占領状態にあった。したがって、東西ドイツが統一するためには、占領四カ国による承認のもとで占領状態を解消することが必要であった。旧ソ連とまっこうから対決するアメリカ（同盟者としてのイギリス）とくむと、旧ソ連を刺激しすぎるので、フランスとくむのが自然であった。だから、それをみこしたフランスから経済統合をもちかけられたら、むげにことわるわけにはいかなかったのである。

かくして、旧西ドイツは、ヨーロッパ統合の枠組みのなかで「自立的」な経済構造を維持することができたのである。しかも、西ヨーロッパ諸国にとってきわめて都合がよかったのは、ドイツが政治的にはねあがることがけっしてできなかったことである。第二次大戦でのナチス・ドイツの戦争犯罪を反省しなければ、西ヨーロッパ諸国は旧西ドイツをとうていうけいれはしなかったし、東西ドイツの統一を国家の最大の悲願としている旧西ドイツにとって、政治的にはねあがって、占領四カ国のご機嫌をそこねてしまうと、未来永劫、統一ができなくなってしまうからである。

こうしたドイツの「弱み」につけこんだのがフランスである。ドイツが政治的にフランスのいうがままに「従属」してくれれば、ドイツをとりこんだ共同体というのは事実上、フランス「国家」が拡張したことと同じことである。第二次大戦後にヨーロッパ統合が劇的に進展したのは、フランスが政治的実を、ドイツが経済的実をとることで利害が一致したからである。こうして、フランスは、両超大国のはざまで消えさりそうなヨーロッパを復権させ、アメリカに対抗できる経済圏の構築をすすめてきたのである。

(2) IMF体制の危機とユーロ導入

IMF体制と経済成長

戦後、「社会主義」世界体制が成立したことによって、資本主義諸国は、それまでの相互のいがみあいから「協調体制」に移行せざるをえなかった。その経済的内実は、1947年3月から活動を開始したIMF(国際通貨基金)体制にみることができる。IMFの基本的な目的は、為替制限の撤廃と為替相場の安定である。ここで注目されるのは、IMF協定第4条で「各加盟国の通貨の平価は、共通尺度である金により、または1944年7月1日現在の量目および純分を有する合衆国ドル(金1オンス=35ドル)により表示する」と定められていたことである。

このＩＭＦ協定第４条は、ドルを事実上、金と同等の地位においている。しかし、ドルはすでにアメリカ国内において不換通貨となっているので、本来であれば、このような規定は存立しえない。しかし、アメリカは、１９３４年の「金準備法」でドルの金兌換を原則として廃止し管理通貨制に移行していたものの、同法にもとづく財務長官権限で、外国政府および外国通貨当局にかぎり、金１オンス＝35ドルで金の売却におうじていた。また、１９５４年３月にロンドン金市場が再開されてからは、イングランド銀行をつうじて、金１オンス＝35ドルが成立するように金の売買をおこなっていた。

このように、ＩＭＦ体制は、ドルをきわめて限定された範囲で金とリンクさせたシステムであった。したがって、金為替であるドルを各国が発行準備としてもつとともに、各国通貨がドルとの交換比率を設定するという点からして、非常に限定された意味で金為替本位制であるということもできる。

しかし、このＩＭＦ体制の矛盾は、ドルというのが、国際金融市場において金と同等の価値をもつ信用貨幣として使用されたとしても、アメリカ国内では、自由兌換と金の自由輸出入の道をとざされた、たんなる不換紙幣にすぎなかったところにある。すなわち、アメリカは、国内では「無価値」のドルを、国際取引では「金」と同等の価値をもつ貨幣として支払うことができたということである。この「錬金術」は、アメリカの健全な財政収支と経常収支の黒字が確保されているという前提条件のもとでのみ機能しうるものである。しかし、第二次大戦後の現実はそれを許さなかった。

「社会主義」による資本主義の侵食・崩壊をくいとめることが、第二次大戦後のアメリカにかせられた世界史的使命となったからである。そのため、アメリカは、史上未曾有の巨額の軍事支出と恒常化したインフレのもとで完全雇用と過剰設備を吸収する政策、同盟国への経済・軍事援助をおこなわなければならなかった。それが可能となったのは、アメリカで「輪転機」をまわせばいくらでも発行することができるドルが、アメリカ以外では「金」と同等の価値のある信用貨幣としてうけいれられたからある。

こうして、膨大なドルの国際的支出によって、世界的なインフレが高進するとともに、ドル危機が進行した。

その結果、減価したドルを金と交換する動きが強まり、アメリカの金準備は急速に減少していった。アメリカは外国通貨当局に対して、金1オンス＝35ドルで交換することができなくなってしまった。こうして、ついに1971年、アメリカは金ドル交換を停止し、ここに、戦後世界資本主義の高度成長をささえたＩＭＦ体制が崩壊した。ＩＭＦ体制の根本であった為替相場の安定、すなわち、固定相場制が機能停止したことで、それ以降、変動相場制の時代に突入した。

変動相場制に移行してからは、ドル安が進行するとともに、為替リスクが生ずるようになった。膨大な財政・経常収支赤字をかかえるアメリカのもとでは、もはや世界の経済成長を実現できなくなった。さらに、国際金融市場での金融連鎖による危機がせまってきた。かろうじて金とつながっていたドルが国際的にも不換紙幣となることによって、ドルは、もはや基軸通貨の地位をさらなければならないはずであった。しかし、当時はまだ冷戦が支配的であったので、ひきつづきドルが基軸通貨の役割をはたした。資本主義体制をまもるために、アメリカ・ドルの使用で各国が協力しなければならなかったからである。

ユーロの導入

そこで、ヨーロッパ諸国は、純債務国アメリカがバブル経済の絶頂にあるまさにそのとき、すなわち1999年に、アメリカのドルに依存するのではなく、経常収支黒字・債権国連合という安定した経済圏を前提する通貨ユーロを導入した。この通貨統合は1991

年にきめられたが、それは、「金」の裏づけのない国際不換通貨ドルが基軸通貨として平然と流通し、アメリカの経常収支赤字が莫大なものになった結果、いずれ爆発するであろう国際通貨危機を回避するためであった。

ヨーロッパの通貨統合は歴史的必然であり、ある程度の福祉水準を維持しながら21世紀にヨーロッパが生きのびていくための壮大なビジョンである。したがって、通貨統合にEU加盟15カ国のうち12カ国も参加したということは、このビジョンに賭けた国がそれだけ多かったという結果なのではなかろうか。

しかし、そんな夢だけで腹はふくれない。アメリカに対抗しうる経済圏を構築し、「紙切れ」で世界からものを買いまくることのできる基軸通貨特権をドルからうばいとり、ヨーロッパに高いビジネス・チャンスをもたらすためには、どうしてもユーロ圏（通貨統合参加国）は、アメリカに匹敵する巨大なものでなければならないからである。したがって、通貨統合に当初は11カ国、のちに12カ国も参加したのである。

ところが、通貨統合が開始されてじきにユーロ価値が下落しつづけ、ユーロが強い通貨になるのではないかという一部の期待はみごとにうちくだかれた。それを最初に劇的に証明したのが、それまでの固定相場制を採用していたブラジルが１９９９年1月15日に事実上の変動相場制に移行するというかたちで生じた経済危機であった、この危機にさいしてアメリカの株式を売却した投資家は、資金をユーロ圏に投入するのではなく、アメリカの国債市場に投入した。ユーロ圏が逃避資金の受け皿とはならなかったのである。

これはあまりにも当然のことである。ユーロ圏は、経済規模ではアメリカに匹敵するものの、貿易取引や金融・証券市場の規模、国際通貨としての役割などからみてまだまだ不十分なものだったからである。他方、ユーロが導入されてしばらく相場が低迷したのは、当時アメリカ経済が絶頂であったので、ヨーロッパからアメリカに大量の投資資金が流入したことによるものである。しかし、これらは、それほど重要な問題ではない。

通貨は統合しても参加各国に通貨主権以外の国家主権がのこり、財政政策に責任をもつEU財務大臣ともいうべきものが存在しないこと、アメリカの軍事力に対抗しうるものがユーロ圏にはないことなどが決定的な問題である。このような問題は、最終的には、政治統合、すなわち欧州連邦の設立の方向にすすむことでしか解決されない性格のものである。

(3) ドルとユーロの攻防

ユーロ相場の回復

導入直後にユーロ相場が低迷した最大の要因は、ユーロを導入した諸国(ユーロ圏)は、欧州中央銀行に通貨主権をあけわたしたものの、当然のことながらそれ以外の国家主権は参加国それぞれに帰属していることにある。このことは、ユーロ圏がひとつの国家になることによってしか解決されない。それは簡単にできることではない。

このような政治的・構造的なもの以外の重要な要因は、ユーロが導入された1999年当時、アメリカ経済が絶好調だったことである。有利な投資機会をもとめてヨーロッパから膨大な資金がアメリカに流入したのであるから、導入当初、ドルとユーロのレートがユーロに高く設定されたということはあるものの、いちじるしいユーロ安が進展した。

それを促進したものとして、為替相場に介入するのが欧州中央銀行なのか、あるいは欧州委員会なのか、はたまた閣僚理事会なのかが明確ではなかったことや、アメリカに匹敵する巨大な経済圏が構築されたので、為替相場にそれほどこだわる必要がなくなったユーロ圏の各国首脳があえてユーロ安にこだわらなかったことなどがある。もちろん、ユーロ安になれば、ユーロ圏からの輸出が増加して、ユーロ圏の景気がよくなるということもあった。自分達の通貨が高くなるといろいろ弊害がでてくるが、ある程度安くなるぶんにはいいことだと放置したのである。

それが転換したのは、あまりにもユーロが安くなるとユーロへの信任がゆらぎ、ヨーロッパに投資された資金が急速にひきあげられてしまう可能性がでてきたことである。１ユーロが１ドルをはるかにしたまわるようになってようやく欧州中央銀行は、ユーロ安に歯止めをかけるような金融政策にふみだしたが、ユーロが反転した最大の契機は、２０００年3月にアメリカのネットバブルが崩壊したことにある。

図表3　対ドルのユーロ為替相場（週末終値をベース）

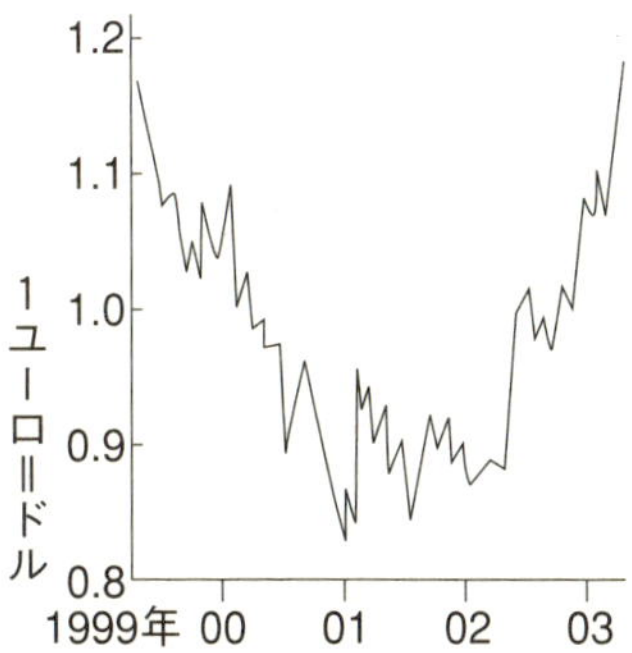

アメリカは、１９９０年代に日欧から資金をひきつけて株式市場を高揚させ、その資産効果によって、個

人消費がいちじるしく拡大した。景気の高揚は、結局、ネット関連株を「転がして」利益を生みだすというネットバブルに帰結した。ネット関連株が既成のＰＥＲ（株価収益率）などの株価指標ではとうてい説明できないほどまでに急騰して、ついに２０００年３月から反転した。ネットバブル当時の情報・通信関係を中心とするすさまじい過剰投資によって、景気も低迷していった。２００１年にはいると景気低迷に歯止めをかけるべく中央銀行は数次にわたって金利のひきさげをおこなった。

２００１年９月の同時多発テロは、１９９０年代にアメリカに好景気をもたらす前提であったアメリカへの大量の資金流入と個人消費を減退させた。アメリカが恒常的にテロ攻撃の標的になれば、危険をさけて資金はアメリカから流出するし、個人も消費をひかえるからである。したがって、なんといわれてもテロを根絶するための戦争をおこなわなければならない。国際法違反といわれようと主権国家への「侵略」といわれようと、テロを根源からなくす戦争を断固としておこなうということをアメリカ国民にみせつける必要があったのである。

しかしながら、アメリカのネットバブルの崩壊と同時多発テロによって、アメリカから資金が少しずつ、しずかに流出している。アメリカ以外の国際機関投資家にとって、アメリカから急速かつ大量の資金をひきあげるとドル暴落となって、自分で自分の首をしめることになるからである。このような事態に遭遇して、フランスは、いっきにアメリカ・ドルを基軸通貨の地位からひきずりおろす戦術にでた。

基軸通貨特権の争奪戦

ＥＵは１９９９年にユーロを導入し、２００４年には、中東欧10カ国がＥＵに加盟する。市場統合が実現しているＥＵとその中心をなす通貨統合がおこなわれたユーロ圏からなる統合ヨーロッパは、規模的にはフランスの悲願であったアメリカを凌駕する経済圏に生まれかわる。単一国家ではなく単一経済圏・単一通貨圏という限界が厳然と存在しているものの、アメリカと十分に対抗することが可能である。

フランスの悲願であった大ヨーロッパ経済圏がようやく構築されつつあるときに、いかに軍事力で世界ダントツになったからといって、アメリカの傍若無人で身勝手な単独行動主義を許さないというのがフランス人とシラク大統領の心情であっただろう。シラク大統領のイラク攻撃反対の姿勢が大半のフランス国民に支持されたのはそのためであると思われる。さらに、イラク攻撃反対を最後までつらぬいた背景には、シラク大統領のしたたかなたくらみがあったように思う。

国連決議なしにアメリカがイラク攻撃を断行すれば全世界からすさまじい批判をあびるのは必定であり、それに反対して正論をつらぬくフランスの国際的地位がいちじるしく高まる。理不尽なイラク攻撃によって、アラブ諸国の反発も高まり、アメリカでテロが続発するかもしれない。さらに、いかにすさまじいハイテク兵器をもっていたとしても、主権国家への地上攻撃をおこなえばアメリカ軍にも膨大な犠牲者がでる可能性が高いし、ましてや市街戦になれば戦争が長期化し、泥沼化するかもしれない。そうすれば、アメリカの国際的評価は地におちるし、危険な国ということで資金が安全なヨーロッパに大挙して逆流するはずであると考えたかもしれない。

そうして、ヨーロッパだけでなく、フランスの経済圏たるアフリカ、ドイツの経済圏たる東欧、ロシア、そして中国をはじめとする少なからぬアジア諸国がユーロを使用するようになれば、基軸通貨の地位をアメリカ・ドルからユーロがうばいとることができる。うばいとることはできないにしても、両大戦間期にイギリス・ポンドとならんでアメリカ・ドルが基軸通貨となったような、そんな可能性もけっして低くはない。こうして、アメリカ以外の世界の国々から資金をヨーロッパに吸収することができれば、ヨーロッパはアメリカにかわる「経済大国」になることができる。

さらに重要なことは、ユーロがアメリカ・ドルとならんで基軸通貨になれば、ユーロという「紙切れ」で財やサービスの購入ができるという基軸通貨特権を享受できる。企業は、ユーロ通貨圏では、為替リスクをこうむることなく事業活動を展開することができる。

イラク攻撃の大規模戦闘は当初の予想以上に短期に終結し、犠牲者も予想より少なかった。しかし、5月1日に大規模戦闘終結宣言をしてからもゲリラ戦がつづき、アメリカ兵の犠牲者も増えている。いっこうにイラク平定のみとおしがたたない。イラク戦争が終結したといわれても、急激にドル安・ユーロ高がすすんだのはそのためでもあろう。国連決議なしにイラク攻撃をおこない、大規模戦闘が終結してもイラクの利権を確保するために、アメリカを支持した国しか復興に参加させないという帰結は冷酷なものである。

ついに、2003年9月13日に国連安保理常任理事国の5ヵ国外相がジュネーブに集まり、イラク問題について協議した。国連を無視してイラク攻撃を開始し、いっこうにイラク平定ができないアメリカがついに国連に「泣きついた」のである。アメリカは依然として米英軍による占領統治に固執しているが、アメリカでイラク統治への批判が高まり、アメリカ軍の犠牲者や経費が激増していることから、国連主導のイラク復興に転換していくであろう。

第三章

アメリカ経済と単独行動主義の弱点というのはなにか

１９９０年代にアメリカ経済は、未曾有の好景気を謳歌し、科学・技術や軍事技術・軍事力において世界にならぶものなき高い水準に到達した。世界でもっとも効率的で発達した金融・資本市場や一次産品市場も有している。こうして、20世紀末、自由で民主主義の貫徹するアメリカの政治と経済は、世界各国がうらやむほどの模範型になったかにみえた。

アメリカは、従来であれば、この繁栄を自分たちだけで享受し、国際的な諸問題には無頓着をきめこんだはずである。戦前のモンロー主義がそれである。自分たちさえよければ、世界がどうなってもかまわないというのもあまりほめられたものではないが、他国に自分の価値観をごりおしすることはないというかぎりでは、まだましな一国主義(ユニラテラリズム)であった。アメリカは、第二次大戦後になると、企業レベルでの国際化、すなわち多国籍企業化をすすめ、１９８０年代から90年代にかけて金融・経済のアメリカ化というグローバリゼーションを強烈に世界におしつけてきた。

アメリカは、20世紀末から21世紀にかけてグローバリゼーションの総仕上げをおこないつつある。第二次大戦後に企業レベルで、１９８０年代から金融・経済レベルですすめてきたグローバリゼーションを完結するのが、まさに政治レベルでの「グローバリゼーション」、すなわちアメリカの新保守主義(ネオコンサーバティブ―ネオコン)思想にもとづくアメリカ民主主義の世界への強制である。政治レベルでのアメリカ化はすでに実験が成功している。第二次大戦後の日本がそうである。これをアメリカにはむかう国にも強制しようというのである。

このアメリカ型政治の「グローバリゼーション」は、イスラエルを敵視し、脅威をあたえる国をアメリカのいうことをきく国につくりかえるということ、親米政権を中東に樹立して、安価な石油を大量に確保すること、世界にアメリカ製の食料、軍事物資・軍需品、ハイテク製品を売りまくって世界最高のアメリカ的生活水準を維持することを最終的に保証するものである。企業活動や金融・経済システムのレベルで機能するのは、あくまで経済的論理・合理性や利潤・競争原理である。それにさからって、自分たちが経済的果実を多くうけとる手段というのは経済外的強制、すなわち軍事力のほかにはない。

まさに、ネオコンの思想は、世界をアメリカに都合のいいように「植民地化」しようとするものであるといっても過言ではない。世界を「アメリカ帝国」につくりあげようとする野望である。その予兆をアメリカのイラク単独攻撃に察知し、世界の良識あるひとびとが戦争反対でたちあがったのである。アメリカが自分たちの政治システムや民主主義、経済システムをすばらしいと思いこむのは勝手であるが、それを世界におしつけるのはかんべんねがいたい。その根底には、イスラエル問題、アメリカ的な高い生活水準を維持するために他国をある程度「犠牲」にしてもやむを得ないという考え方が根底にあるのはまぎれもない事実であるが。

世界には、宗教、価値観、文化、風習、民族、言語などが異なるさまざまなひとびとが生活している。だから、この世は面白いのである。日本のように伝統文化をないがしろにし、アメリカ映画・音楽に狂喜し、ディズニーランドを日本に移植して、テーマパークでそれだけがしこたまもうけるというのは、はたしてどんなものであろうか。こんなことが世界で通用するとアメリカが思っているとしたら、とんでもない思いちがいである。ひとびとは、異文化に接することで、人生がさらにゆたかなものになるからである。

普通は、思っても実行できないこのような傍若無人な行動がどうして可能になったのであろうか。アメリカの高い軍事技術と強力な軍事力は、第二次大戦後、アメリカによる最先端技術の開発を日本とドイツがささえつづけてきたから可能となった。どれだけ、アメリカが貿易収支の赤字をたれながしても、財政赤字をふやしても日本とドイツがささえたことで実現した。１９９０年代のアメリカの好景気も、日本やヨーロッパ・ドイツからの膨大な資金流入によってはじめて可能になったのである。

したがって、満足な重化学工業をもたないアメリカにとって、基軸通貨特権をうしなって、貿易決済にアメリカ・ドルではなくユーロでの支払いを要求されたとたんに経済は「崩壊」の危機をむかえる。アメリカから資金が急速にひきあげられた場合にも、アメリカ経済は、にっちもさっちもいかなくなる。だから、冷戦期のように、戦争経済を継続することで、莫大な軍事費を湯水のように科学・技術開発につぎこみ、最先端のナノテクノロジーやバイオテクノロジーを発展させ優位性を保持しようとしているのである。

しかしながら、冷戦期とちがって、少なくともヨーロッパは、アメリカ経済をささえつづけることはないだろう。フランスがアメリカが勝手にイラク攻撃などをおこなうのであれば、協力しないという明確なる意思表示をしたからである。日本は、「地獄のはて」までついていくのであろう。ローマ帝国は、まさにその絶頂期に崩壊がはじまった。アメリカもまさにイラク大規模攻撃に成功した時期に崩壊がはじまった。アメリカ経済というのがじつは、きわめて脆弱な基盤にたつ、「砂上の楼閣」にほかならないからである。

(1) 冷戦とアメリカ経済

冷戦と最先端産業

米ソ冷戦体制をもって20世紀後半を特徴づけることができるが、資本主義側の盟主となったアメリカは、IMF体制によって、みずからの通貨ドルを金と等価なものとすることで、資本主義世界にドルをばらまき膨大な需要をつくりあげた。対外国通貨当局に限定されたものの、アメリカは、金1オンス=35ドルで金との交換を保証したからである。アメリカ自身は、冷戦において軍事的、正確には軍事技術と軍備・兵器生産、軍事配備すべての側面で旧ソ連に勝利しなければならなかった。実際に戦争ができないので、図上演習においてつねに勝利していなければならなかった。

最初の人口衛星打ち上げで旧ソ連にさきをこされたアメリカは、旧ソ連を凌駕する航空・宇宙技術をもつことが国家目標となった。人間を月にはこぶというプロジェクトも、じつは本質的には、軍事的要請によるものであるとともに最先端技術の粋を結集するものであった。戦後のアメリカは、重化学工業のうち最先端の軍事力で優位にたつことが至上命令であったので、最先端産業の技術開発を猛然とすすめた。

それに対して、鉄鋼・自動車・金属・機械・化学などの従来型の重化学工業をになったのは、旧西ドイツと日本であった。旧ソ連の脅威から資本主義陣営を擁護するために、最先端産業に膨大な国家予算を投入し、第二次大戦でかせぎだした膨大な資金を世界にばらまいて、アメリカは、戦後、世界資本主義の高度成長を実現した。こうして、アメリカと日独の分業体制が成立した。その結果、アメリカの従来型重化学工業が疲弊するとともに、財政赤字と貿易赤字が累増し、ドル危機が深刻化した。これをなんとかささえたのが対「社会主義」の西の最前線旧西ドイツと東の最前線日本であった。

旧ソ連が一足さきに崩壊したので問題は深刻化しなかったが、かならずしもアメリカを中心とする資本主義が「社会主義」に勝利したというわけではない。冷戦が終了した１９９０年代にアメリカ経済がひとり勝ちの様相をていしていたので、資本主義の勝利といわれる場合があるだけのことである。このひとり勝ちというのも、日本やヨーロッパなど世界から膨大な資金を吸収して実現した好景気によるものであって、冷戦終了後の「あだ花（バブル）経済成長」にすぎない。

アメリカ経済の構造

第二次大戦後、西側陣営の盟主となったアメリカは、共産勢力との軍事的対抗において優位性を保持するために、みずからは超最先端の重化学工業に特化せざるをえなかった。同時に、西側陣営をまもるために、旧ソ連を凌駕する最高水準の最先端の軍事技術と膨大な軍事力を保持しなければならなかった。それに対して、従来型の重化学工業を発展させていったのは、ヨーロッパでのドイツとアジアでの日本であった。その結果、ドイツや日本などは、かなりの経済成長をとげることができた。

１９７０年代初頭まで高度成長をつづけた日本は、１９７０年代から80年代にかけて、マイクロ・エレクトロニクスの分野において世界をリードした。アメリカで開発された最先端の技術の一部を民生用に転用することに成功したからである。日本は、従来型重化学工業の生産性をいちじるしく高めてきたが、この重化学工業にマイクロ・エレクトロニクスを導入して、さらに生産性を高めた。

それは、１９７０年代初頭に多くの西側諸国が変動相場制に移行した結果、膨大な貿易黒字をかかえる日本円が対ドルで急騰していったことによるものである。円高になれば、輸出による為替差損をコスト削減で補填するしかない。しかしながら、コスト削減には限界があるので、マイクロ・エレクトロニクス導入をはじめとする生産性向上によるコストの軽減をはからざるをえなくなった。その結果、日本の重化学工業の生産性がますます向上し、国際競争力がさらに強化された。

したがって、アメリカは、超最先端の航空・宇宙技術や情報・通信技術だけでなく、軍事技術で世界最強であったとしても、鉄鋼をはじめ、自動車や電機・機械・工作機械などの分野でとうてい日本に勝つことはできなかった。そのために、経済成長の波及効果の高い従来型重化学工業では、完全に日本に依存せざるをえなかったので、アメリカでは、自動車産業や電機・機械産業などが低迷し、１９８０年代まで一貫して経済が停滞した。

１９９０年代にはいって、アメリカ経済が史上まれにみる好景気にわいたとしても、それは、鉄鋼をはじめ、自動車や電機・機械などの分野で日本に勝利するにいたったことによるものではない。事態はまったく逆である。アメリカが従来型重化学工業の分野で完全に日本におくれをとってきたので、「幻想」としての情報技術（ＩＴ）産業というまったくあたらしい分野を構築することが可能となったのであろう。「あたらしい」産業が構築されるまさに「新産業革命」であるということで景気は大いに「高揚」した。ＩＴ産業自体が高い成長率をもたらしたわけではないが、実体経済に「根拠」があるということで株価が高騰した。もちろん、本質的には、ドル高政策による世界からの資金よびこみによるものであるが。

だから、アメリカ経済が高揚して、個人消費がふえればふえるほど日本からの輸入が激増するのである。アメリカには、過剰消費におうじられるだけの十分な消費財や重化学工業製品の供給能力がないからである。要するに、日本がアメリカ経済の「生産部門」を担当しているということなのである。その結果、アメリカの貿易赤字は、ますますふくれあがる。

本来であれば、輸入代金を確保するために輸出を拡大しなければならないが、ドルは基軸通貨で世界でうけとってもらえるので貿易赤字がふえてもとりあえず問題はない。国際収支をバランスさせるために、世界各国で借金証文であるアメリカ国債を買ってもらえばいいからである。だが、そうすると利子の支払いが必要なので、経常収支の赤字がますますふくれあがる。ここにアメリカ経済の深刻な問題のひとつがある。

重化学工業の国際競争力は低いものの、アメリカは、１９７０年代から証券市場の規制緩和を積極的におこない、金融機関や企業は、これをフルに利用してＭ＆Ａを積極的に展開した。ＬＢＯ、ＭＢＯ、ジャンクボンドなどという手段を使って、企業をあたかも金融商品のように売り買いするという発想は、われわれには理解しがたいものであって、マネーゲームとしておこなわれたという側面も強いが、それによってますます金融・資本市場が拡大・高揚した。

(2) 1990年代の好景気

好景気の前提

アメリカが1990年代に享受した景気高揚は、基軸通貨ドルの特権を最大限利用して世界から資金を集中し、それを株式市場に投入することによって実現したものである。それを「演出」するために、1995年頃からインターネットが普及し、ここから本格的に情報技術（IT）革命が進展して、実体経済の高揚がはじまった。

ちょうど1995年、当時の財務長官は、明確かつ意図的にドル高政策を採用して、世界から投資資金を株式市場に集中させたが、その結果、株価の暴騰がますます加速された。その帰結として、1999年から2000年にかけて、ネットバブルが生じた。ネットバ

図表4　アメリカへの株式・社債投資

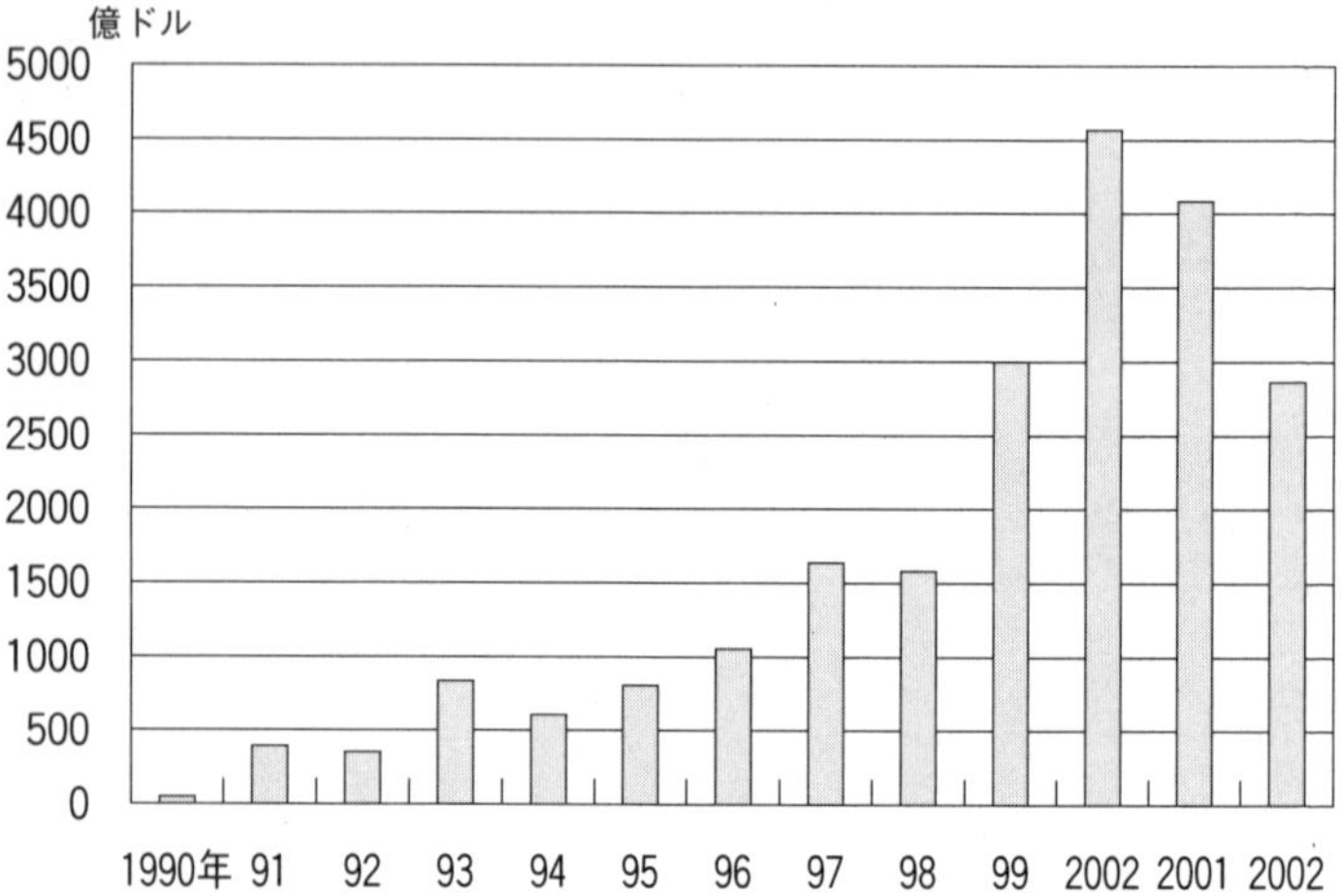

（出所）　アメリカ商務省

ブルにいたる株価高騰による資産効果によって、個人消費がいちじるしく拡大した。個人金融資産の半分はこの高騰した株式にかかわるものだからである。

正確にいうと「不確定給付年金」である４０１Ｋは、庶民が株価は永遠に上昇するという錯覚、まさに日本のバブル末期と同じ「集団催眠状態」におちいった結果、「確定（しかもかなり増加した）給付年金」にばけてしまった。老後に心配がなければ、いまは消費を拡大して楽しくすごせる。それは、ゼロちかくまで低下した貯蓄率に顕著にもあらわれている。ひとびとは気軽にクレジット・カードで買い物をした。

アメリカのバブル経済は、株価が暴騰し、

その資産効果によって個人消費がいちじるしく拡大するというかたちで実現したものであるが、日本とちがって、住宅価格は上昇したものの地価の暴騰はなかった。したがって、アメリカの商業銀行は、不動産担保融資や不動産そのものを金融商品として売買するという「前近代的」な商業銀行業務をしていないので、日本のような金融機関の不良債権問題というのは生じない。地価の高騰はなかったとはいえ、住宅価格が上昇したので、ひとびとは、上昇した分だけローンを増やし、その分をまた消費にまわした。

株価上昇期のアメリカにおいて特徴的であった現象は、株式が「通貨」と同じようにつかわれてきたということである。企業を買収するのに現金ではなく、株式交換でおこなう場合、買収される側の株価が一定で、買収する側の株価が倍になれば、倍の数の企業を買収できる。報酬を現金ではなく株式で支払うストック・オプションもひろく採用されている。一生懸命に経営に努力をして当初きめられた株価よりも高くなれば、安く買って市場で売却して利益が得られる。株式交換による企業買収もストック・オプションも株価が上昇する局面でのみ効果を発揮する。

このように、経済全体に株式と高株価がくみこまれているので、株式市場が低迷すればこのシステムが完全にくずれていくことはあきらかである。株価が暴騰することで個人消費がいちじるしく拡大し、景気が高揚したからである。また、株価が低迷すれば、世界から引きつけた資金が逆流する。ただし、株価が下落したとしても、金融緩和によって住宅価格が維持されれば、個人消費がすぐには減少しないようになっており、株価下落がただちに景気を低迷させるということはない。

したがって、アメリカ経済は、まず株式市場が低迷していくことによって甚大な影響をうける。それにおくれて、住宅価格が本格的に下落していくと借りかえのためのローンも組めなくなって、消費は冷えこみ、深刻な不況にみまわれる。それを未然に阻止するために、アメリカは、数次にわたる金融緩和による株価と住宅価格の維持策、大幅な減税、企業収益にマイナスの地球温暖化防止条約の拒否、軍事費の大幅な拡大による国防産業の高揚などによる景気のてこいれをおこなってきている。

情報技術（ＩＴ）革命と金融革命

１９８０年代まで、アメリカは、従来型の重化学工業の分野では日本やドイツの後塵を拝していた。アメリカがかろうじて国際競争力を保持できたのは、最先端の工業・軍事技術と金融技術、そして農業の分野くらいのものであった。しかし、このことが、１９９０

年代にはいってからアメリカ経済に決定的な影響をあたえる結果となった。

その帰結というのは、第一に、金融技術と金融取引の分野において世界にならぶものがない水準に到達したこと、第二に、従来型の重化学工業にＩＴを利用するという「日本型」ではなく、それとは別のあらたな産業としてのＩＴ産業が構築されたという「幻想」をひとびとにもたせることに成功したこと、第三に、金の裏づけもないのに不換紙幣ドルが基軸通貨として国際支払い・決済で使用される最大の根拠である軍事力・軍事技術で圧倒的優位性を保持できるようになったことなどである。

金融技術は、１９７０年代初頭に大量の自然科学者がＮＡＳＡから金融業界に流入することによって開発がはじまった。その後、先物・オプション取引などデリバティブ取引がアメリカで発展していった。これがアメリカにおける金融技術発展の第一段階である。１９９０年代の特徴は、戦後、長くつづいた冷戦が終結した結果、旧ソ連から最先端の軍事技術をになった大量の技術者がアメリカに流入したことである。その数、じつに数十万人ともいわれる。他方、冷戦が終結したので、当然、アメリカでも軍縮がすすみ、最先端の技術者が大挙して金融業界に流入してきた。これが金融技術発展の第二段階である。

この米ソ冷戦の軍事技術をになったたくさんの理学・工学系技術者が金融業界におしよ

せて、あたらしい金融商品をつくるのであるから、経済的に好ましいかどうかを別にすれば、金融工学というあたらしい学問分野が成立するのは当然のことである。この高度な金融技術とアメリカの投資銀行の情報ネットワークが結合することによって、世界最強の金融産業が形成された。日本の金融機関はもちろんのこと、ヨーロッパの金融機関ですらとうてい競争相手ではない。

ニューエコノミー論の幻想

アメリカでは、１９９１年4月から景気が拡大しつづけた。しかも、失業率は4％台、消費者物価上昇率は2％台とかつてない良好なパフォーマンスをしめした。さらに、ダウ平均株価にいたっては、92年の２０００ドルから1万ドルをゆうに超える水準に上昇した。このような好景気に酔いしれていたまさにそのときに、アメリカがこれまで経験したことのない、低インフレのもとで高雇用が確保される新しい時代にはいったとするニューエコノミー論が主張されるようになった。

第二次大戦後の現代資本主義経済の特徴は、インフレ政策のもとで高雇用を実現してきたことにあった。しかし、１９７０年代にはいるとその高雇用も実現できなくなり、高インフレと高失業が並存するスタグフレーションという事態に苦しめられた。ところが、1990年代にアメリカで低インフレと高雇用が同時に実現できたとすれば、あたらしい時代にいたったといえるかもしれない。ニューエコノミーの主張にはいろいろいあるが主要な論点は、つぎのようにまとめることができる。

＊国家の枠組をこえた経済活動が活発化し、生産拠点の世界的な展開がすすんできているが、多国籍企業としてはやくから経済活動をおこなっているアメリカの企業は、さらに国際競争力を高めてきた。

＊情報産業で世界をリードするとともに、情報技術の発展によって、需要と供給の調整や在庫管理が以前とくらべて容易にできるようになり、生産性が上昇した。情報技術を駆使することにより、消費者のニーズや消費規模もより詳細に把握できるようになるので、つくりすぎるということがなくなり、過剰生産・過剰設備ということが少なくなる。売れるかどうかは売れなければわからないという、資本主義経済の矛盾がある程度「止揚」された。

＊アウトソーシング、すなわち仕事の外注を増やすことでコストがひきさげられる。同

時に、アウトソーシングをすすめていけば、生産調整などは契約の解除で簡単におこなうことができるようになる。さらに、パートタイマーの増加により雇用調整をより円滑・迅速におこなうことができるようになった。

＊金融自由化が進展することにより、資金調達手段が多様化されるとともに低コスト資金がより容易に調達できるようになった。また、1970年代から規制緩和がいちじるしくすすみ、航空、通信、エネルギー産業などの経営が効率化され、収益力が高まってきた。

＊新産業としてあらたに登場してきた、コンピュータのハードやソフト、バイオテクノロジー、航空・宇宙、電子情報サービス、エレクトロニック・バンキングなどは、従来の産業にくらべて、規模あたりの生産性が高い。しかも、需要が拡大すると比較的迅速に増産態勢にはいることができる。生産性がいちじるしく上昇しているので、多少賃金が増加しても物価を上昇させるということにはならない。このような事情によって、インフレなき経済成長が可能となり、失業者も減少してきた。

このようなニューエコノミー論によれば、資本主義経済はあらたな発展段階に突入したことになる。しかしながら、その本質は、労働条件のよくないパートタイマーにしわよせをしたうえでの繁栄であり、従業員は、つねに首切の恐怖におびえ、貧富の差がますます激しくなっていくというものである。したがって、このニューエコノミーが破綻するとすれば、従業員・パートタイマーなどの反乱によるものであろう。さらに深刻な問題は、ほんとうに過剰設備や過剰生産がなくなったのかということである。

ニューエコノミー論が正しいかどうかはともかくとして、このようにアメリカ経済が永遠に発展していくのではないかという幻想をもたせるような議論がでてくるということは、バブル経済も末期にあるということを証明したものにほかならない。

ニューヨーク株式市場でのダウ工業株30種平均は、１９９２年の２０００ドルから97年6月に８０００ドルを超える水準に上昇し、この間わずか5年のうちにじつに4倍に上昇している。アメリカの中央銀行であるＦＲＢ（連邦準備制度理事会）が株価水準を判断するさいにもっとも注目しているのは、長期金利とＰＥＲ（株価収益率）の逆数である益回りの差（イールドスプレッド）であるという。Ｓ＆Ｐ５００ベースのイールドスプレッドは１９９６年以降プラスに転じ、前回の不況直後91年のピーク水準にたっした（「エコノミスト」１９９7年9月16日号）。ダウ平均は、その後さらに上昇し、２０００年1月14日には史上最高値の1万１７２２ドル98セントまではねあがった。

図表５　アメリカの株価の推移

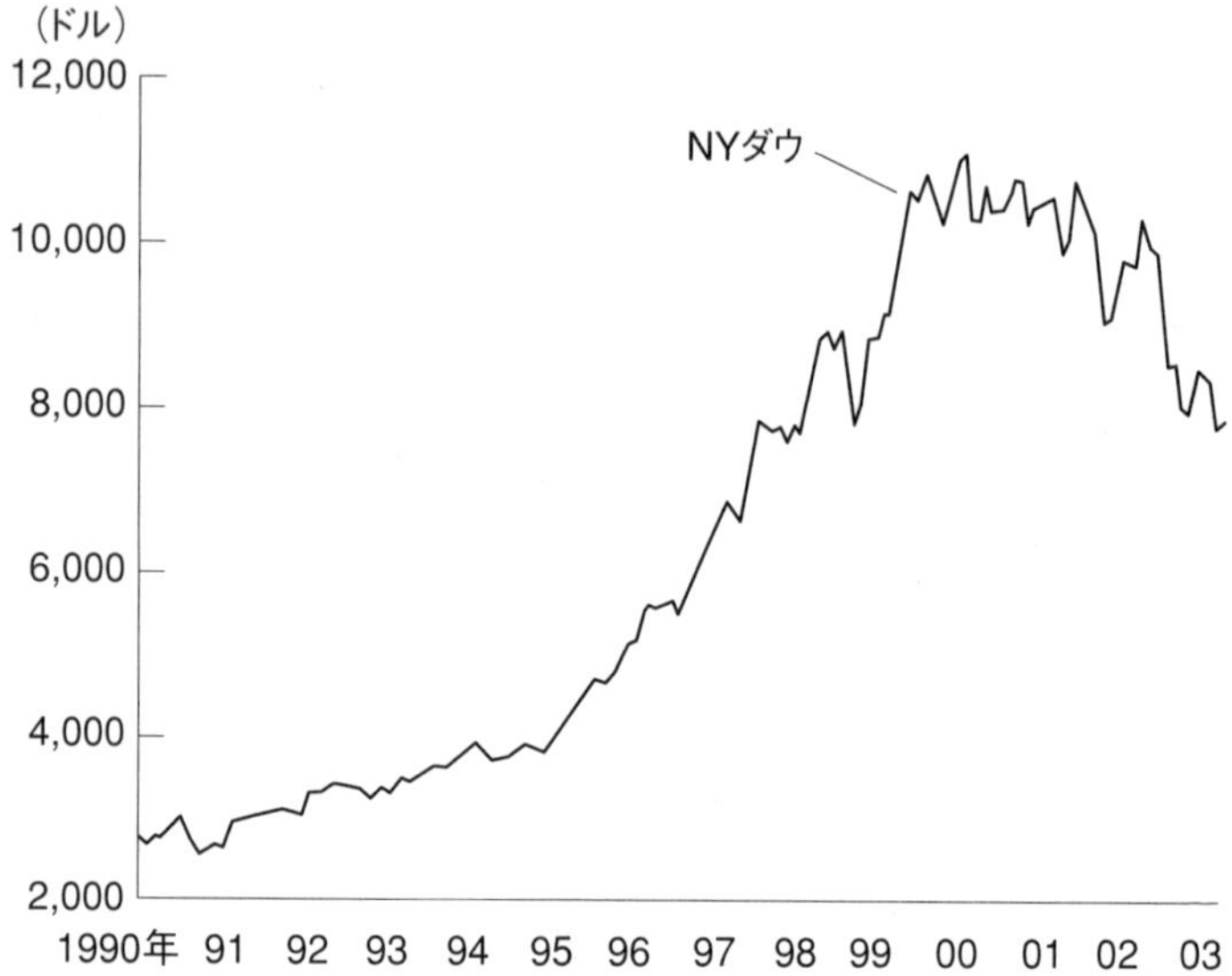

ＦＲＢは、日本ではバブル期に株高を正当化するために、ねじまげてつかわれたトービンのＱ（Ｑレシオ）が急上昇していることに注目していた。Ｑレシオというのは、企業の市場価値（株式時価総額と負債の合計）をその再取得価値（個別資産の時価評価額の合計）でわったものである。この比率が１倍を超えていれば、その企業が資産の個別価値の合計以上の評価をうけており、株価が高すぎるということになる。ＦＲＢの計測によれば、アメリカでは１９４５年以降、この数字は０・４〜１・８（平均０・７）で推移してきたが、この株高で２倍を超えたという（同誌）。ＰＥＲ（株価収益率）

も約20倍以上に上昇し、歴史的にみた適正水準である12～16倍をかなりうわまわった。平均配当利回りも株価の上昇により、史上最低水準まで低下した。

このニューエコノミー論は、１９９１年４月からはじまった景気高揚が２００１年３月に終了したことで破綻した。２００１年３月に５０００ポイントをこえたナスダック株価指数は、あっというまに１０００ポイントちかくまで暴落し、ダウ平均も１万ドルをわった。ニューエコノミー論の主役であったＩＴ産業での過剰設備が深刻な問題となった。たとえば、光ファイバー網は、アメリカ全土に９０００万キロも敷設されたものの、実際に使用されているのはそのわずか１割程度であるという。

景気高揚の国際的要因

１９９０年代のアメリカの景気高揚というのは、通常いわれいるようにＩＴ革命と金融革命の進行によって主導されたものではない。戦後、最長・最強の景気高揚というのは、国際的な側面からみれば、世界の投資資金をアメリカの株式市場に誘導して株価をひきあげることによって実現したというのが本質である。それにともなって景気も拡大するとともに、所得が増大した多くのひとびとがより質の高い住宅をもとめたので住宅価格も上昇し、それらの資産効果によって個人消費も激増することで達成されたものである。

その転機は、１９９５年に当時の財務長官によって遂行されたドル高政策の採用であった。当時は、ヨーロッパといえば、通貨統合をめざす行財政改革と経済構造改革にふみこむ時期で景気は低迷しており、日本は、平成大不況・金融不況のまっただなかにあったので、その日欧から有利な投資機会をもとめる資金を引きつけるためにドル高政策をとったのである。

外国から投資資金を大量にひきよせるには、為替相場が最低限安定するか、あるいはドル高、すなわち円安やマルク安が大前提である。とくに、日本の機関投資家などは、それまで円高にさんざん泣かされてきたので、アメリカ政府当局の明確なる意思表示がなければ、アメリカへの投資は期待できないという事情もあった。かくして、アメリカは、世界からの投資資金を株式市場に誘導して、株価を暴騰させた。また他方で、吸収した大量の資金をアジアやロシア、中南米などに投入し、ある時期までは膨大な利益をあげた。

好景気は、旺盛な個人過剰消費にささえられたが、その結果、外国からの輸入がいちじるしく増加した。貿易収支の赤字も拡大した。本来であれば、貿易収支の赤字が増加すれば、輸入する外貨がたりなくなるので、輸入を減らさなければならないはずである。しかし、アメリカは、世界で唯一の基軸通貨国であって外国への支払いに外貨が必要ないことをいいことに、世界から資金を借りまくって輸入商品の支払いにあてている。その結果、かろうじて国際収支は均衡している。

しかし、いつまでアメリカが世界から借金しまくっていられるかということが大問題なのである。借金できるのも能力のうちといわれるが、それにはおのずと限界がある。アメリカが、膨大な借金をすることができ、貿易赤字がどれだけ拡大しても輸入を増やせるのは、あくまでドルが基軸通貨として機能し、世界がうけとってくれるかぎりにおいてである。

したがって、世界がアメリカからドルでのうけとりを拒否し、ドルではなく外貨で支払ってくれといわれたとたんにアメリカ経済は崩壊する。支払う外貨がないからであって、アメリカは、貿易収支や経常収支のバランスをはからなければならなくなる。ということは、個人消費がいつまでも拡大できないということである。そうなれば、景気が低迷し、株価も下落し、ドル安になる。その結果、為替差損をきらって、アメリカに投資された資金が急速にひきあげられる可能性がでてくる。もちろん、とくに１９９９年から大量の資金がアメリカに投下されたので、ドル暴落を招来するような資金のひきあげはできない。結局、

「損失回避のための団結」で日欧がアメリカ・ドルをささえざるをえなくなる。問題は、それがいつまでつづくかということである。

どうして、アメリカが国際世論を無視して強引にイラク攻撃にふみきったのか。いろいろ理由があげられようが、もっともらしいのがつぎのうわさである。すなわち、フセイン大統領が2000年に国連に対して、石油販売代金の支払いをアメリカ・ドルからユーロへの変更を認めさせたからだというのうわさである。真偽は確かめようがないが、もしも、イラクにつづいてアラブ諸国も石油代金の支払いをユーロで要求したらアメリカ経済は崩壊の危機をむかえる。5000億ドルにものぼる膨大な経常収支赤字をかかえるアメリカにとって、それはではとうていできない相談だからである。

経常収支赤字の拡大

アメリカは、1982年までは債権国であったが、それ以降、経常収支の赤字が拡大していったので、対外純投資は減少の一途をたどり、ついに、1987年からは純債務国となった。経常収支赤字を資本収支の黒字で均衡させるということは、諸外国に対して債務がふえるということ、すなわち、輸入超過代金の支払いや海外への利払いを国債などの証

図表６　アメリカの経常収支赤字

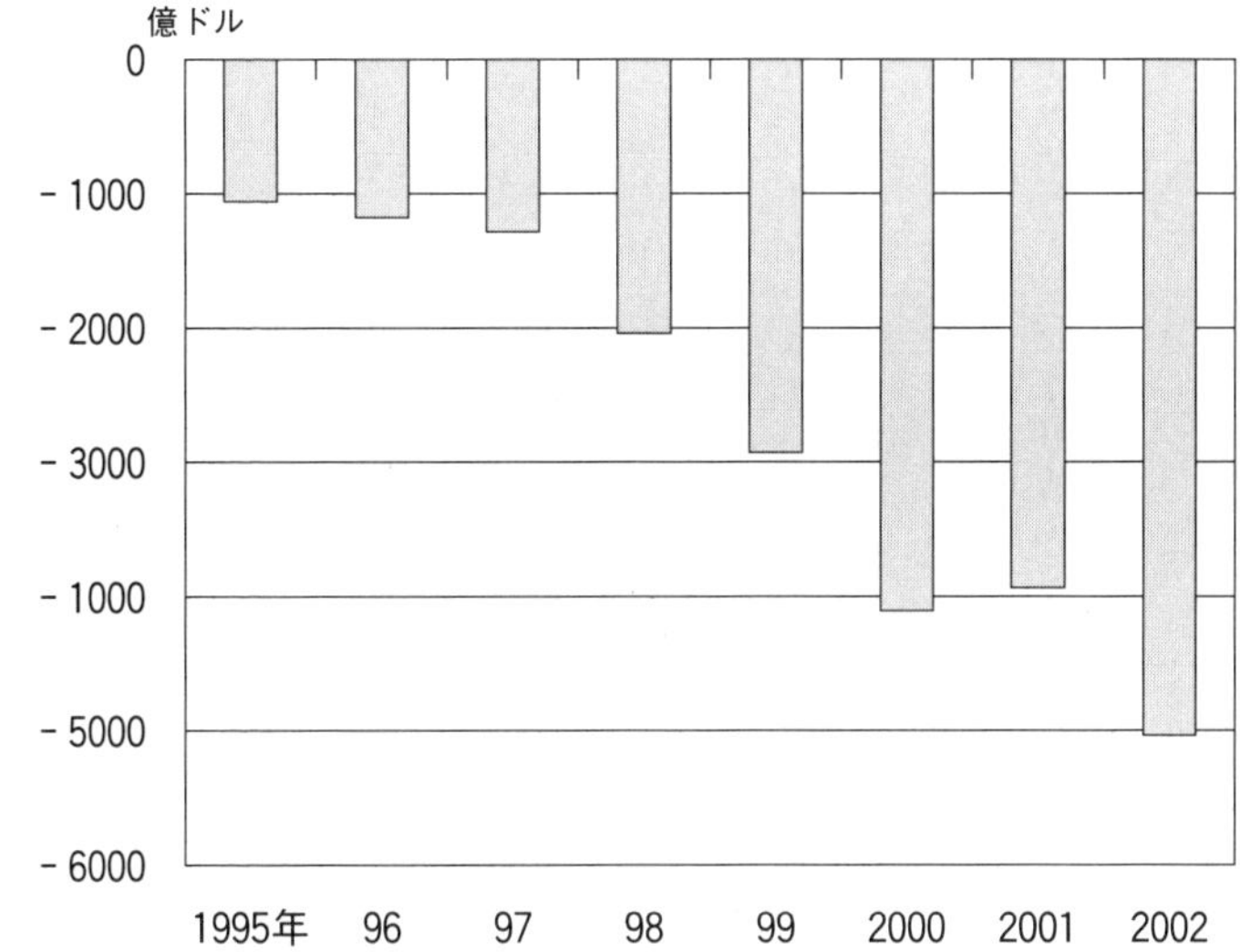

（出所）　アメリカ商務省

文による借金でおこなうということだからである。

諸外国から資本を導入して、国内の設備投資などに使うのであれば、その投資から収益を得ることができる。外国への利払いもできる。しかし、輸入された消費財というのは、当然ことながら消費にまわされてしまう。とくに１９９０年代後半のアメリカ好景気のなかで市民のすさまじいまでの過剰消費に輸入財があてられてきた。個人消費につかわれるということは、拡大再生産に投入されてあらたな収益をうみださないということである。生産財や資本財を輸入して生産を拡大すれば、輸出などを増やして外貨をかせげる。しかし、消費財では、結局、赤字をうめるために外国から借金をしなければならない。海外から借金をすれば、元利の支払いが必要となるので、経常収支赤字はさらにふくれあがる。

アメリカは、1991年からはじまる好景気で貿易収支に短期の資本収支を加えた経常赤字が増加し、2000年には4353億ドルにたっした。前年1999年からじつに31・3％増であった。GDPに対する比率も99年の3・7％から4・2％と上昇している。問題は、アメリカの純債務残高が市場価格ベースで、1995年の4226億ドル、96年の5475億ドル、97年の1兆663億ドルから98年には1兆4076億ドル、そして99年に1兆4736億ドルといちじるしく増加したことである。

とくに、1999年には、外国政府・投資家によるアメリカ株式への投資残高は、1兆4455億ドルと前年比でじつに30・2％の大幅な増加をしめした。アメリカへの直接投資も2兆8007億ドルで前年比27・8％の増加をしめした。これが1999年から2000年にかけて、アメリカのインターネット関連企業の株価が上昇したネットバブル形成の大きな要因のひとつであった。

2000年3月にネットバブルが崩壊し、景気が低迷すると経常収支の赤字も2001

年には若干減少した。しかし、ブッシュ政権の財政出動によるなりふりかまわぬ景気のてこいれによって、ふたたび経常収支の赤字が拡大し、２００２年には、前年比28・０％増の５０３４億２７００万ドルとついに５０００億ドルの大台をこえた。

経常収支赤字が膨大なものになり、ドル暴落の危険性が高まり、アメリカへの投資資金が急激にひきあげられると、アメリカの景気が急激に減速する可能性がでてくる。これを回避する役割をになうのはヨーロッパである。これまでは、アメリカ一国だけが世界の景気をひっぱってきたが、通貨統合を実現したヨーロッパも世界の需要を喚起する役割をはたすようになるであろう。その国際通貨こそ、１９９９年に導入された欧州単一通貨ユーロではなかろうか。

(3)　グローバリズムの三段階

アメリカ企業とドルの国際化

歴史的にみてアメリカにおける企業合併は、独占形成期の１８９３年から１９０４年と、世界大恐慌にさきだつ１９２０年代後半の証券ブームのときに活発におこなわれた。第二次大戦後になると１９６０年代にコングロマリット形成のための合併ブームがおとずれた。１９７５年頃になるとＭ＆Ａ（企業合併・吸収）というかたちですすんだが、証券市場でのさまざまな金融技術をつかった企業合併がすすんだ。

この戦後の合併ブームと呼応するかたちで、１９５０年代末あたりからアメリカ大企業による対外直接投資がはじまって、60年代になると本格化し、多国籍企業化が急速に進展していった。これはまさに、企業活動レベルにおける世界のアメリカ化の進行であり、アメリカが世界に自分たちの価値観をおしつけるようになる、いわゆるアメリカ型グローバリズムの第一段階である。すなわち、企業活動レベルにおいてアメリカが世界的に利潤機会をもとめるというものであった。

このように、１９５０年代から70年代にかけてアメリカ大企業は、大挙して海外進出をおこなった。その後、１９８０年代には、おもに日本企業がアメリカやヨーロッパに大規模な直接投資をおこなった。しかし、日本企業の海外進出は、円高と貿易摩擦を回避するためのものであって、世界市場にあくなき利潤機会をもとめようとして猛然と多国籍企業化をすすめたアメリカ企業とは質が異なっている。１９９０年代には、アジア地域、とりわけ中国への日米欧による直接投資が拡大した。

このアメリカの多国籍企業の世界的な業務展開をささえた制度的前提がＩＭＦ体制であった。この体制はまさに、ドルの国際化、すなわちドルのグローバル化をすすめるものであった。アメリカ・ドルが金と同価値の信用貨幣として世界で流通したので、世界の高度成長が実現し、これによって、アメリカ多国籍企業は膨大な利潤を確保することができた。１９７１年にアメリカ政府による金とドルの交換が停止された。その後しばらくして変動相場制に移行したが、アメリカ・ドルは依然として基軸通貨として世界で流通したので、アメリカ企業だけは為替リスクから解放されていた。アメリカ多国籍企業が為替リスクに頓着せずに国際展開できることで、いちじるしく国際競争力が高まった。

かくして、戦後、アメリカ企業の多国籍企業化が大いに進展したこと、世界資本主義の経済成長をはかるとともに多国籍企業をもうけさせるためのＩＭＦ体制が、アメリカの国際収支危機を深刻なものとした。１９９３年のアメリカ全体の輸出額に占めるアメリカ企業の企業内輸出の比率は36％(フランスが34％)、企業内輸出の比率はじつに43％(フランスは18％)であった。企業内輸出額が１６９０億ドル、企業内輸入額が２５９０億ドルであって、企業内輸出入だけで９００億ドルもの赤字をかかえていた。アメリカ経済の大きな問題のひとつは膨大な貿易赤字の存在であるが、それがアメリカ自身の企業によって生みだされているというのもなんとも皮肉なものである。

このようなアメリカ大企業の多国籍企業化にともなって、多国籍企業に金融サービスを提供する金融機関の海外進出も活発化した。国際金融市場でもアメリカの商業銀行や投資銀行が主導的な役割をはたすようになった。さらに、1980年代末から90年代初頭にかけて、アメリカは、深刻な金融システム不安におそわれたが、商業銀行は、市場で資金調達をおこなうなどして自力での経営たてなおしを断行したので、1990年代の好景気を主導する役割をはたした。

グローバリゼーション

アメリカは、1950年代から70年代にかけて大企業の多国籍企業化をはかり、世界市場において企業経営のアメリカ化をすすめた。90年代には、金融業の拡大と市場原理主義による徹底的な市場原理主義をおしすすめるために、企業経営レベルからさらに一段階ひきあげて、世界の経済・金融システムのアメリカ化を強烈に推進した。すなわち、グローバリゼーションの第二段階への突入である。

グローバリゼーションというのは、世界にアメリカン・スタンダードをおしつけることでアメリカ多国籍企業・銀行の利潤機会の拡大を確固たるものにしようとするものである。世界で「経済・通貨統合」をおこなわないかぎり、アメリカの国際収支危機を最終的には解決することができないからである。アメリカが輸出拡大に努力して、経常収支の均衡に努力すればいいのであるが、アメリカに十分な重化学工業がないこと、アメリカ大企業が多国籍企業として世界展開しているのでそれはかなりむずかしい。

さらに、日本やアジアだけでなく、市場統合を実現してあまりアメリカにたよらなくてもいいはずなのにヨーロッパもアメリカの景気高揚に期待している。アメリカが膨大な財政赤字という犠牲をはらってまでドルを世界に供給し、世界の景気高揚を牽引してきた国際的枠組であるＩＭＦ体制が崩壊してしまった以上、アメリカがいかなる手段をつかってでも景気を高揚させ、世界の需要を喚起しないと日本もアジアも、ヨーロッパも景気がうわむかないと考えているからであろう。どうしてこうもアメリカに期待するのであろうか。

１９９０年代初頭に旧ソ連を中心とする社会主義体制が崩壊してしまったこともあって、競争原理を徹底的に機能させて景気の高揚をはかるのが効率的であるということになってしまった。さらに、情報通信技術のいちじるしい発展によって、地球の距離が極端にせばまるとともに、金融システムが拡大していった。そこで、アメリカは、相対的に競争力のある金融業や農業、ＩＴ産業や軍事産業をひっさげて世界すみずみまで自国の多国籍企業に利潤機会を提供しようとした。そのためにどうしても必要なことは、世界中の経済・金融システムのアメリカ化を強烈にすすめていくことであった。広い意味でアメリカ主導の世界の「経済・市場統合」といえよう。

重化学工業では日本にとうていかなわず、膨大な対日貿易赤字をかかえているアメリカは、みずからの重化学工業の国際競争力を強化するというのではなく、他の産業で日本の重化学工業製品への支払い代金の回収をはかろうとした。一足さきに、農業分野では、日本で高度成長が終了したら日本農業をつぶさせてほとんど農産物をアメリカから輸入させるのに成功した。日本は、アメリカ農産物のお得意さんなので、遺伝子組換えや農薬を大量につかって生産性を向上させ、どんどん日本に輸出し、重化学工業製品への支払い代金をある程度回収している。

１９９０年代にはいるとアメリカは、金融業で膨大な利益を獲得すべく日本の金融システムのアメリカ化をせまった。金融ビッグバンというのがそれである。日本の金融機関は、それまでの業者保護行政であまやかされ、国際競争力は皆無であった。１９８０年代後半のバブル経済のときには、国内で莫大な金融収益を確保できたので、国際金融市場ではすさまじい国際競争力を発揮したかにみえた。国際業務で利益を得る必要がなく、顧客に有利な低コストの金融商品を提供できたからである。

１９９０年代になって金融不況におちいると、日本の金融機関は経済成長の重荷になった。不良金融機関を整理・統合しないと金融不況を克服できなかったにもかかわらず、金融業者をあまやかしてきた監督当局にそれはできなかった。不良金融機関がバタバタつぶれると監督当局の責任がきびしく問われるからである。

そこで、なんとかみずからの責任を回避しながら、金融再編をすすめる秘策をねっていた監督当局とアメリカの利害が一致した。金融システムに徹底的な競争原理を導入した結果、金融機関がつぶれてもそれは監督当局の責任ではなく、金融機関経営者の無能によるものであるというわけである。どんなことがあっても絶対に責任をとらない日本官僚の面目躍如というところであろう。

この金融ビッグバンを契機にして、アメリカ金融資本は、大挙して日本の金融市場に参入した。一部で撤退したところもあるが、長期不況で疲弊した日本の金融機関を安く買いたたいて利益をあげている。破綻したある長期信用銀行を買収したアメリカの投資ファンドは、いずれ1兆円単位で利益をあげるかもしれない。

軍需品もほとんどアメリカ規格である。アメリカの軍事技術は世界最高水準なのでしかたがないのであろうが、たとえば、イージス艦一隻で1400億円もするが、その半分の700億円はイージス・システム代としてアメリカに支払っているという。

このようにアメリカに従順な日本とは対照的に、ヨーロッパは、アメリカの農業市場開放要求を頑として拒否している。金融自由化においてもアメリカ型金融・資本市場の導入をはかっているものの、日本のようにそのまま無批判的にとりいれているということはない。軍事技術でもアメリカにひきはなされているが、フランスは自前で軍事技術開発をおこない、軍需生産をおこなっている。

しかも、ヨーロッパは、アメリカに対抗すべく、1999年にユーロを導入し、2002年にはユーロ紙幣とコインを流通させ、通貨統合を完成させた。へたをするとロシアをふくめたヨーロッパ全土とアフリカ全土がヨーロッパ政治・経済圏になってしまう可能性がある。

アメリカが世界最強の軍事技術・軍事力だけでなく、世界にほこるべきもっとも発達した経済・金融システムをもっているにもかかわらず、少なからぬヨーロッパ諸国がアメリカに逆らうし、中東でも、アメリカがなんとしてもまもりぬこうとするイスラエルに敵対する国が数多くある。

戦後経済の疲弊と弱点を克服したと誤解したアメリカは、１９９０年代の地球的規模での経済的な「成功」を過信し、今度は、旧社会主義国をふくめた全世界の政治・軍事支配をもくろんだ。それはまた、金の裏づけをうしなったアメリカ・ドルを国際基軸通貨として世界でうけとらせるためには、強制力としての軍事的な世界支配が不可欠だからでもある。

単独行動主義・一国主義（ユニラテラリズム）

戦後アメリカは、企業活動と経済・金融システムのグローバリゼーションをすすめてきたが、21世紀にはいって、その論理的帰結であるとともにグローバリゼーションの完結形態を追求しつつある。世界の政治・民主主義・軍事支配をすすめ、地球的規模でのアメリカ化をはかろうというのがそれである。この考え方をある程度まで体現しているのがネオ・コンサーバティブ（ネオ・コン）であろう。

ネオ・コンの考え方は、経済的な側面からみれば、世界の「植民地化」をすすめて多国籍企業にさらにもうけさせること、「軍事ケインズ主義」によってアメリカの景気の高揚をはかり、科学・技術開発をすすめること、膨大な経常収支赤字と財政赤字をかかえ基軸通貨の地位をおわれつつあるアメリカ・ドルを軍事力でその地位におしとどめておこうとすることにある。さらに、どんな理不尽なことをしても、なにがなんでもまもりぬこうとするイスラエルに敵対する国は、かならずつぶすというものであろう。

その意味では、アメリカの行動に逆らいもせず、全面的に協力する日本というのはアメリカにとって世界の模範とうつっていることであろう。アメリカが日本を世界に模範的な国だといえばいうほど、世界の嘲笑のまとになる。日本の世論をアメリカに好意的なものにするために、北朝鮮の拉致問題で日本のためにアメリカは努力するといいつづけている。

このようなグローバリズムの問題はどこにあるのか。

アメリカ・ドルが基軸通貨として世界で流通することによって、アメリカは唯一、経常収支赤字に無頓着でいられる。しかし、膨大な経常収支の赤字だけでなく、「軍事ケインズ主義」への転換による財政赤字が増大してきているので、アメリカ・ドルへの信任が急速にゆらぎつつある。ＥＵ(欧州連合)は、いずれ参加国が一挙に10カ国も増えて25ヶ国になる。ますます不安定になるアメリカ・ドルにかわって、経常収支黒字国連合で構成されるユーロが国際通貨としてあちこちで利用されていくことはまちがいない。

イギリスはともかく、ヨーロッパ諸国が拒否したアメリカ型市場原理主義は、日本では成功しないし、ましてやアジア諸国でも普及することはないであろう。弱肉強食、優勝劣敗というのは、アメリカ以外では、「動物」の世界でしか通用しない原理だからである。人間だけは、みんなが助け合って生きてきた。市場原理主義は、エンロンやワールドコムの経営破綻、さらにはアメリカ住宅貸付抵当公社までもが粉飾決算に手をそめていたのではないかということで実質的に破産したといっても過言ではない。アメリカ型経済システムというのはアメリカにのみ妥当する。あくまでも、アメリカ的政治・経済・社会・文化風土のなかでつくりあげられてきたものだからである。

アメリカで花咲いたものをそのまま日本にもってきても大輪の花が開くとはかぎらない。戦後、日本は、アメリカ文化を無批判的にとりいれたが、そのような無節操な国はほかにあまりない。自国の文化にこだわるフランスのディズニーランドは客のいりが少ないし、中国のテーマパークは三国志である。国家の迎賓館に外国風の建物を建てるのも日本くらいのものであろう。外国の要人をむかえいれる迎賓館こそ日本建築の粋をあつめて建設すべきである。日本が戦後、政治・経済・文化において、あまりにもアメリカに追従しすぎたことが、現在のアメリカの傲慢さを助長したというのはいいすぎだろうが。

イラク攻撃の大義

結局は、アメリカは、世界を「日本化」しようとしているのかもしれない。しかし、市場原理主義の世界へのおしつけは確実に失敗するし、アメリカ・ドルの基軸通貨の役割がユーロの登場でいずれ終わるのは歴史的必然であろう。だから、アメリカは、とにかく強大な軍事力を背景にして世界をかしづかせようとするしかないのである。それを世界に知らしめようとしたのがイラク攻撃にほかならない。

動機がそうなのだから、大量破壊兵器があろうがなかろうがアメリカはまったく頓着しないのである。大規模戦闘が終わって、大量破壊兵器がみつからなくても、そんなことをいったのかねという態度すらしめしている。

しかしながら、大量破壊兵器についての国連査察がなまぬるいので、アメリカがかわってみつけてやるといって戦争をはじめたはずである。だから、うそをついてまで大量破壊兵器があるといったのである。イラク攻撃をはじめるときには、アメリカはイラクに大量破壊兵器がないかもしれないということは知っていたので、戦争の大義をいともかんたんにかえてしまった。すなわち、フセイン大統領の独裁からイラク国民を解放すると。こうして、フセインが48時間以内にでていかなければ宣戦布告をするといって、48時間経過前後に攻撃を開始したのである。

圧倒的な軍事力であっというまにフセイン政権をたおした。もちろん、大量破壊兵器がなかなかでてこない。そうしたら、今度は、中東和平のためにイラクを攻撃したのだから、イスラエルとパレスチナの和平を画策する。しかしながら、イスラエル政府が内部の強硬派にせかされて、パレスチナ過激派をねらいうちしたら、当然、パレスチナ過激派は報復テロをおこなって、中東和平が頓挫した。

イラク攻撃が終結してから、攻撃を正当化するために、アメリカでもイギリスでも大量破壊兵器の存在を確固たるものにするように政府が圧力をかけたり、情報を偽造させたという疑惑がもちあがった。イギリスのブレア首相は、議会で徹底的に追及されたが、アメリカのブッシュ大統領は平然としていた。イラク戦争に勝利して、イラク国民を圧政から解放したのになにが悪いというわけである。

どんなに国際的に批判されても、国際法違反といわれても決行したイラクの大規模攻撃が短期間で終結したこともあって、アメリカ国内では、イラク攻撃に対する批判はとりあえず消えた。国際世論も開戦前ほどの批判的論調はなかった。しかし、それをいいことに、アメリカ的価値観を世界におしつけるということを強行していけば、世界中をテロと対テロ戦争の嵐がふきあれる。もし万が一、不幸にもアメリカで大規模なテロが頻発するようになれば、経済成長の最大の牽引車である個人消費が激減するとともに、危険な国アメリカから資金が急激にひきあげられてアメリカの景気はいっきにひえこんでしまう。

ところが、5月1日にブッシュ大統領が大規模戦闘終結宣言をおこなってもいっこうにイラクでのアメリカ兵の犠牲がへらない。アメリカ主導の占領統治へのイラク国民の反発もすさまじいものになった。ブッシュ大統領の支持率も急落した。とうとう、イラク復興事業が国連にもちこまれた。これこそアメリカ単独行動主義の破綻をしめすものにほかならない。

アメリカ経済の限界

世界最強の軍事技術・軍事力をアメリカがもてるようになったのは、冷戦期に日本と旧西ドイツが必死になってアメリカ経済をささえてきたからである。1990年代に史上最長の好景気を謳歌することができたのも、日本やヨーロッパから資金が大量にアメリカに流入したからである。アメリカにおける好景気実現の本質はここにあるが、同時にハイテク関連のベンチャー・ビジネスが花ひらいたところに、アメリカの軍事産業がもう一段の質的転化をとげる要因があった。

すなわち、１９９０年代は、好景気がつづいた半面で、冷戦が終結したのでアメリカは軍事費の縮小をせまられた。冷戦期のように膨大な軍事費を湯水のようにつかって軍事技術開発をおこなうことができなくなった。そこで、政府は、軍需品・兵器の質を高めることに全力を投入した。すなわち、兵器のハイテク化をすすめたのである。

そのために、国防総省は、軍事企業にハイテク兵器の製造を要請するとともに、多くのベンチャー・ビジネスにもさまざまな軍事開発をおこなわせた。ベンチャー・ビジネスが広い意味でのハイテク兵器開発に成功すれば、国家からの安定的な受注が可能となり、このベンチャーが新規株式公開をおこなえば膨大なキャピタル・ゲインが得られるので潤沢な資金もあつまった。

こうして、１９９０年代にアメリカにおいてＩＴ革命が進展するなかで、軍需品や兵器の性能が極端に高まったのである。その成果がイラク攻撃でいかんなく発揮された。10年前の湾岸戦争当時の軍事技術と質がちがったといわれる大きな理由のひとつは、10年経過したということもさることながら、１９９０年代のＩＴ革命にあるといえよう。

しかしながら、アメリカが景気の低迷によって税収が不足する一方で、景気てこいれのための膨大な減税をおこなっていかなければならないとすれば、財政赤字が激増し、「軍事ケインズ主義」を継続するための歳出の拡大ができなくなってしまう。１隻２兆円もする航空母艦の毎年の維持費は天文学的数字になるという。世界中に強大なアメリカ軍を配置しつづけるにも膨大な経費がかかる。いずれ、それが不可能になる可能性が高い。

ましてやアメリカ・ドルの基軸通貨としての地位があやうくなり、国際取引における支払い・決済にユーロを要求されるようになるとアメリカは、いままでのような貿易赤字のたれながしができなくなる。そうすると、戦後、構築されてきたアメリカ経済の成長構造が崩壊する。以前であれば、世界の経済を牽引するアメリカ経済がおかしくなると世界経済がもたないので、世界がアメリカ経済とアメリカ・ドルをささえた。どうなっても、日本はアメリカ経済をささえるであろうが、はたして25カ国にもふくれあがったＥＵが犠牲的精神をはらってまでアメリカ経済をささえるであろうか。

アメリカは、フランスをはじめドイツなどヨーロッパ諸国の警告を無視し、イギリスとスペインをひっぱりこんでイラク攻撃を強行した。アメリカ経済の脆弱性もよくわからずに、みずからの強大な軍事力を過信し、世界は自分のまわりをまわっていると慢心して、ブッシュ大統領がイラク攻撃にふみきったとすれば、そのしっぺがえしはかなり深刻なものとなるであろう。

第四章

いよいよヨーロッパと国際通貨ユーロの逆襲がはじまる

第二次大戦後、米ソ両超大国のはざまにしずみこみそうになったヨーロッパは、それまでのいさかいから一転して、経済・政治統合という苦難の道を選択した。それはまた、平和で本当に豊かなヨーロッパを実現するために、いくたびかの戦乱の元凶となったドイツをヨーロッパ統合の枠組みにしっかりとつなぎとめておこうとするものでもあった。もちろん、その背後には、アメリカに対抗しうる一大勢力の結集というフランスの野望があったものの、戦争よりも平和を希求するという巨大な潮流ができあがったことは事実である。

ヨーロッパ統合の第一の要因は、冷戦期は、旧ソ連への西側の防衛体制の構築にあった。したがって、防衛体制としてアメリカをふくむ北大西洋条約機構(NATO)が創設された。旧ソ連の核の脅威から自国を防衛するには、ヨーロッパ単独では不可能であり、どうしてもアメリカをふくむ軍事同盟が必要だったからである。

第二の要因は、東西に分割されたドイツの潜在的脅威をとりのぞくために、西ヨーロッパ統合の枠組みにドイツをいれておかなければならなかったことである。そのためにもNATOは必要であった。ドイツがNATOにいることで勝手な軍事行動ができなくなったからである。NATOによって軍事的に、EEC・ECによって経済的にドイツを封じこめようとしたのである。

第三の要因は、アメリカに対する経済的かつ通貨上の対抗である。冷戦期には、資本主義が侵食されるのをなんとしてもくいとめなければならなかったので、アメリカは、世界中にドルを供給して資本主義体制をまもりぬいたが、その深刻な副作用がドル危機の進行であった。したがって、ＥＵ諸国は、冷戦がほぼ終結した１９９０年代初頭にアメリカ・ドルへの対抗通貨としてのユーロ導入をきめたのである。

アメリカは冷戦期には、健全財政と国際収支の均衡につとめなければならなという基軸通貨国にとっての絶対的な義務をはたすことができなかった。資本主義体制の崩壊を阻止することがアメリカにかせられた最大の歴史的使命だったからである。したがって、旧ソ連が崩壊して冷戦が終結したらアメリカは、財政節度の遵守と経常収支の均衡に徹底的に励まなければならなかった。しかし、アメリカは、世界から資金を吸収して株価をひきあげて景気浮揚政策をとったので、経常収支の赤字がいちじるしく拡大した。もっとも、好景気のおかげで単年度の財政赤字はとりあえず解消したが、経常収支赤字は５０００億ドルもの規模にたっっした。

みずからの経済の成長だけを優先し、ドルが暴落して諸外国に多大な経済的被害をあたえるおそれがあろうが、まったく無頓着なアメリカに、猛然と反旗をひるがえしたのがヨーロッパ、とりわけフランスであった。しかも、アメリカは、21世紀になると経常収支の赤字ばかりか、ふたたび財政赤字をふくれあがらせるような経済政策を断行して、１９９0年代の好景気を再現させることを画策した。「夢よもう一度」というわけである。

そのためには、日本が変動相場制に移行してからだまって甘受してきたドルの大幅な減価のうけいれを世界に強制しなければならない。世界がアメリカの借金証文である米国債を後生大事にもっていてくれれば、ドルの暴落などおこらない。そのかぎりでは、アメリカにとって、世界のアメリカ化ではなく、「世界の日本化」がのぞましいのである。イラク統治に、第二次大戦後の日本の占領政策方式をとりいれようとしたのはそのためであろう。

自立した経済圏の構築にもえるヨーロッパ大陸諸国に、そんなことが強制できるはずもなかった。東欧諸国がEUに加盟するので、ドイツが西ヨーロッパ統合から離脱する理由はなくなったし、ヨーロッパ防衛もEU独自ですすみつつある。あとは、アメリカがその超絶的軍事力で世界に「紙きれ」の不換紙幣ドルを強制的に流通させようとする陰謀をうちくだくだけである。

国際通貨というのは、本来は、それ自体として価値をもっている金のはずである。しかし、国内通貨が金とのつながりをたたれた管理通貨制のもとでは、国際通貨の流通根拠は、武力という強制力しかない。国家が通貨に強制通用力を付与できるのは、警察・軍隊など武力装置を有しているからである。したがって、世界国家がない以上、アメリカが世界を武力で制圧し、いままでどおり、むりやりアメリカ・ドルを世界でつかわせようともくろんでいる。

これを許さないというのが、ついに通貨統合を実現させて、経済的にアメリカに対抗できるようになったヨーロッパ大陸諸国、すなわちユーロ圏である。ところが、通貨統合が開始されてからユーロ相場は低迷した。その要因は、アメリカ経済が絶好調で投資資金がアメリカに大量に流入したこと、ユーロ圏がたんなる主権国家のよせあつめにすぎなかったことにある。しかし、アメリカ経済の好景気も終了し、ヨーロッパの紛争に対処するためのＥＵ緊急派遣軍の結成、そして、ヨーロッパ連邦をめざす政治統合の動きが急速にすすんでいる。このようななかで、ようやくユーロ相場も回復してきた。いよいよ国際通貨ユーロの逆襲がはじまる。

Ⅰ．ヨーロッパ統合の進展

(1) ECの成立

統合の理念

ヨーロッパを統合し「ひとつのヨーロッパ」を実現しようという考え方は、戦前までさかのぼることができる。たとえば、１９２３年にオーストリアのパン・ヨーロッパ運動の指導者G・カレルギー伯は、１６４８年のスイス統合闘争の成功、１７７６年のアメリカ合衆国独立の承認、１８７１年のドイツ帝国の成立などの事例を引き合いにだして、ヨーロッパ合衆国の創設を提唱した。このヨーロッパ統合の動きは、第二次世界大戦の勃発で挫折したが、大戦が終了してからは、ヨーロッパを統合するという動きは、ますます活発化し実現にむけて大きく前進していった。

その第一の要因は、ヨーロッパ自身がみずからの弱体化を最終的にさとったことである。二度にわたる世界大戦で主戦場となったこともあって、栄光のヨーロッパは、完全に過去のものとなった。世界の政治・経済上の指導的地位は、個々の国が寄せ木細工のごとく集まったヨーロッパよりもはるかに強大な軍事力、政治力、経済力をもつにいたった東西の超大国、アメリカと旧ソ連にとってかわられた。ここで重要なことは、第二次大戦後になって、ヨーロッパの統合がいっきょに具体化していった最大の要因が当時、超大国として東西両陣営に登場した米ソに対抗していくためには、どうしてもヨーロッパ諸国が一体となって再興していかなければならないということである。

第二の要因として、あらたな軍事的衝突や戦争は回避しなければならないということから、ヨーロッパ統合がいっきに進展したということをあげることができる。二度の大戦でヨーロッパが主戦場になり、莫大な犠牲者をだしたという戦慄すべき経験をつうじて、ヨーロッパ統合によって平和をめざすことは、すべての政治的行動の大原則となった。本土が世界大戦の戦場になったことのないアメリカとたびたび戦場になったヨーロッパとでは、戦争のとらえかたが根本的に異なっている。それが劇的にあらわれたのが、イラクの大量破壊兵器所持疑惑に対する欧米の対応である。なんとしても戦争を回避しようとする独仏と、いうことをきかなければ戦争だというアメリカとの立場のちがいの根拠のひとつがここにあるのではなかろうか。

第三の要因として、社会的、国際的諸関係をより秩序ある方向にみちびき、よりよく、より自由で、より公正な世界を真剣にもとめ、市民の生活水準と福祉水準の向上、労働条件の改善を希求するという考え方がひろまってきたということをあげることができる。

EEC／ECの成立

ヨーロッパ経済共同体（EEC）形成の基礎は、フランス外務大臣R・シューマンがJ・モネと共同で、フランスと旧西ドイツの石炭と鉄鋼の生産を合同の最高機関のもとにおき、参加を希望するそのほかのヨーロッパ諸国にもひらかれた組織にするという計画を提案した1950年につくりあげられた。

この提案の背後には、旧西ドイツに対して一方的な制約をかすことはよくないが、他方で、完全に独立した旧西ドイツというのもヨーロッパの平和への潜在的脅威であるというジレンマがあった。その唯一の解決方法は、旧西ドイツを政治的にも経済的にも西ヨーロッパ諸国グループのなかにしっかりとつなぎとめておくことであった。この提案は、1951年4月に調印され、翌年7月に発効したヨーロッパ石炭鉄鋼共同体（ECSC）の設立条約に結実した。ECSCには、フランス、旧西ドイツ、イタリア、ベルギー、オランダ、ルクセンブルグの6カ国が加盟した。ここに、シューマン・プランが現実のものとなった。

その後、1955年に開催されたECSC加盟6カ国の外相会議で、ヨーロッパのエネルギー部門の統合と経済統合をさらにすすめていくための「メッシナ決議」が採択された。決議の具体化のために、ベルギーのP・H・スパーク外相を委員長とする専門委員会が設置された。この専門委員会は、56年に最終報告である「スパーク報告」を提出した。この報告は、同年ベニスで開催された外相会議で採択されると同時に、ヨーロッパ経済共同体（EEC）、ヨーロッパ原子力共同体（EURATOM）条約の起草の準備が開始された。

1957年2月には、両共同体の設立条約が6か国外相会議で承認され、翌3月にローマで調印された。これが、EECの憲法ともいうべき「ローマ条約」である。こうして、58年1月、「ローマ条約」が発効し、フランス、旧西ドイツ、イタリア、ベルギー、オランダ、ルクセンブルグというECSC加盟6か国を原構成国とするEECが発足した。

「ローマ条約」第二条によれば、ＥＥＣの使命は、「共同市場の設立および加盟国の経済政策の漸進的接近により共同体全体の経済活動の調和のとれた発展、持続的かつ均衡的な拡大、安定強化、生活水準の一層すみやかな向上および加盟国間の関係の緊密化を促進すること」にある。そのため、ＥＥＣは、域内関税と貿易数量制限の撤廃、労働力・資本の自由移動の実現、農業などの共通政策を遂行した。とくに、共同市場の実現にとって不可欠な関税同盟の基本要件は、域内関税と貿易制限の撤廃、域外諸国に対する共通関税実施である。ＥＥＣは、この関税同盟を当初の予定より早く１９６８年に完成させた。

関税同盟の結成に象徴的にしめされるように、ヨーロッパ共同市場が着実に形成されていくにつれて、経済全体の統合の実現をめざすＥＥＣにとって、石炭・鉄鋼、原子力についての政策決定が独自の意思決定機関によっておこなわれるのは、政策の策定・実施にさいして不都合となっていった。

そこで、１９６7年7月に「共同体執行機関の融合に関する条約」が発効し、それまで独自の組織として活動してきたＥＥＣ、ＥＣＳＣ、ＥＵＲＡＴＯＭの機関がＥＥＣを中心とした統一組織に再編された。ＥＣＳＣの最高機関、ＥＥＣとＥＵＲＡＴＯＭの委員会はひとつの委員会であるＥＣ委員会となり、それぞれの閣僚理事会は統一されてＥＣ閣僚理事会となった。かくて三つの共同体が合併されて、ヨーロッパ共同体（ＥＣ）が結成された。

(2) 欧州通貨制度と域内市場統合

欧州通貨制度（ＥＭＳ）の設立

１９６０年代までに欧州統合はいちじるしく進展したが、１９７０年10月にはＰ・ウェルナー元ルクセンブルグ首相が「経済・通貨同盟の段階的実現に関する報告」を発表した。この報告にもとづいて、１９７１年3月に「経済・通貨同盟決議」が採択されたが、これは、ＥＥＣ加盟6カ国の為替変動幅を段階的に縮小し、10年後に為替変動幅をゼロにする、すなわち事実上の単一通貨を導入するというものであった。

このウェルナー提案にもとづいて、１９７２年4月にＥＣ加盟6カ国による為替相場同盟が始動した。これは、参加国の為替相場が±２・25％の幅でうごくかたちが蛇に似ていることからスネークとよばれた。スネークには、72年5月にイギリス、デンマーク、アイルランド、ノルウェーが、6月にはスウェーデンが参加して、11カ国となった。

しかし、このスネーク開始直後の１９７２年６月にイギリスが離脱し、アイルランドもイギリスに追随した。73年３月にはイタリアが、74年１月にはフランスが離脱した。フランスは翌年復帰したものの、76年３月にふたたび離脱した。そこで、スネークは、投機が激化するまえに為替平価調整をおこなうミニ・スネークに転換した。この時期は、ＩＭＦ体制が崩壊し、世界が変動相場制に移行する時期とかさなったこともあって、各国通貨の為替相場が大混乱におちいって、経済も危機的な影響をうけた。そこで、ＥＣが通貨面で協力していかなければ、経済の混乱を克服できないという機運が高まってきた。

そこで、当時のＲ・ジェンキンスＥＣ委員長は、１９７７年10月にフィレンツェでおこなった演説で、あらたな域内固定相場制の導入を提案した。この提案に、当時のフランスのジスカール・デスタン大統領とドイツのシュミット首相が同意し、フランス・イタリア・イギリスをミニ・スネークに復帰させて、欧州通貨制度（ＥＭＳ）を設立する計画が提唱された。こうして、１９７８年12月のブリュッセル首脳会議でＥＭＳ決議が採択され、79年３月にＥＭＳが正式に発足した。

ＥＭＳは、三つの構成要素からなっている。ひとつは、加盟各国の通貨をその経済規模におうじて加重平均してつくられるＥＣＵ（欧州通貨単位）である。ふたつめは、為替相場メカニズム（ＥＲＭ）である。これは、加盟各国は、ＥＣＵ対比で自国通貨のセントラル・レートを設定し、自国通貨の変動幅を±２・25％の範囲内におさえるために、中央銀行が市場介入や金利調整をおこなうものである。三つめは、各種信用供与システムである。各国中央銀行が為替介入をおこなうさいに、外貨準備が枯渇すれば、市場介入ができなくなるので、超短期、短期、中期などのさまざまな信用供与をおこなってせまい範囲に通貨変動幅をおさえるシステムである。

１９９０年代にはいるとＥＭＳもいくどか危機におそわれるが、設立以降、１９９０年代初頭までは、ＥＭＳ参加国通貨は比較的安定していた。しかも、加盟各国のインフレ率も急速に低下していった。このように、ＥＭＳの成功というのが、１９９０年代に通貨統合が具体化していく大前提であった。

域内市場統合

ＥＥＣは、その成立以来、さまざまな困難を克服して、関税同盟や農業政策、経済政策の協調という点で大きな成果をあげてきた。しかし、完全な域内市場の形成という側面からみれば、まだ不十分であった。そこで、統合の問題点を是正して、本当の意味で完成された域内市場をつくりあげようというのが、１９９2年のＥＣの域内市場統合である。経済的に一国市場と同じような域内市場統合が完成してはじめて、通貨統合の経済的大前提がととのうことになる。

ＥＣは設立以来、市場統合がかなり進展してきたが、依然として、つぎのようなさまざまな障壁がのこされていた。

＊物理的障壁—域内輸送の自由化、輸入数量制限の撤廃、動植物検疫の簡素化、統計フォームの簡素化、人間移動の管理（パスポート・コントロールの緩和など）

＊技術的障壁—物品移動の自由化（製品規格の統一化など）、政府調達市場の開放、労働力移動の完全自由化、サービス（金融、運輸など）供与の共同市場化、資本移動の自由化、産業協調のための環境整備（会社法の統一化など）

＊財政的障壁—付加価値税（ＶＡＴ）の税率と対象品目の調和、その他の間接税の税率・対象品目の調和

これらの障壁をとりのぞかないかぎり、本当の意味での域内統合市場とはならない。そ

こで、１９８５年６月、ＥＣ委員会は、「域内統合白書」を発表した。その主要な内容は、第一に、完全に単一化された統合市場の完成の目標を１９９２年末とする、第二に、自由な市場機能のさまたげとなる物理的・技術的障壁、および財政的障壁の除去のために３００以上の法案（最終的に２８２に整理統合された）を提出する、第三に、域内市場の完成に必要な提案を１９８５年から１９９２年までの間に設定した目標にしたがって採択し実施するというものであった。

域内統合白書がだされてしばらくはＥＣの市場統合のうごきも緩慢であったが、１９８０年代後半、とくに東欧での一連の自由化、「ベルリンの壁」の崩壊によるドイツ統一の展望が具体化するにつれて、ＥＣの市場統合のうごきも加速化した。それは、ドイツ統一が具体化するにつれて、強大なドイツの出現をおそれるヨーロッパ諸国が市場統合の実現をいそいだからである。どうしても、ドイツをヨーロッパ統合の枠内にとどめておく必要があった。

(3) 欧州通貨統合の実現

マーストリヒト合意

域内市場統合についてのうごきが活発になった1991年12月に、欧州通貨統合の具体化を討議するためにオランダのマーストリヒトでEC首脳会議が開催された。ここで通貨統合を具体化する「ローマ条約」改正が合意されたが、それは、つぎのような理由によるものである。

第一に、ヨーロッパ統合のあらたな目標が必要となったことである。1992年末までに「ヒト、モノ、カネ、サービス」の移動の自由化を達成するために、それを阻害している法規制を撤廃しようというのがいわゆる92年の域内市場統合である。その期限まであと1年とせまった91年末にマーストリヒトで首脳会議が開催されたのである。

域内市場統合では、主権国家の根幹にかかわる税制の調和はあまりすすまなかったが、ドイツを統合の枠内におさえこんでおく必要性から、ドイツ統一と前後して税制以外の規制の撤廃が急激にすすんだ。そこで、当時、大小12カ国をかかえるECが共同体として統合をすすめていくためには、つぎにかなり大きな目標を掲げて、その実現をめざして協力していくことがどうしても必要となった。その格好の目標が単一通貨の導入であった。

第二に、ドイツをなんとしても西ヨーロッパ統合の枠内にとどめなければならないということである。ドイツは、当時、統一後の混乱をある程度克服し、ヨーロッパの「政治大国化」していくことが懸念されていた。「ドイツ人が自信をもつのがもっとも恐ろしい」という言葉にヨーロッパのひとびとの気持ちが象徴的にあらわれている。

第三に、域内市場統合によって巨大な経済圏がヨーロッパに出現したが、この経済圏を基盤とする単一通貨ユーロの登場は、経済統合の完成形態だということである。戦後、文字どおり基軸通貨国となったアメリカは、ドルを世界中に供給して世界資本主義の高度成長を実現した。しかし、アメリカは経常収支の赤字にほとんど頓着しなかった。冷戦期だからしかたなかったが、膨大な経常収支の赤字は、つねにドル暴落の危険性をはらんでいた。

このドル暴落の危険性を回避するためには、アメリカに匹敵する巨大経済圏を背景とする単一通貨を導入することが不可欠である。そこで、フランスは、ドイツ統一をみとめるかわりにドイツにマルクをすてさせた。弱い通貨をもつ国と通貨を統合すれば、単一通貨がドイツ・マルクより弱い通貨になるのはあきらかなので、ドイツは、通貨統合に強硬に反対してきたが、なんとかドイツ国民を納得させることができた。通貨統合が実現すれば、フランスは、巨大なユーロ単一通貨圏において盟主になれる。かくして、アメリカと政治的・経済的に対等になるというフランスの野望がついに実現する。

通貨統合の本質的意図

平和で真に豊かなヨーロッパをつくりあげるために通貨統合が計画されたのは事実であるが、その本質的意図というのは、各国政府がこれを非常にうまく利用して財政構造改革をおこなうだけでなく、経済構造改革、金融システム改革、企業再編、競争力強化をおこなうことにあった。とくに、21世紀にますます進展する少子・高齢化に対応すべく、徹底的な財政構造改革を断行できたことが重要である。

マーストリヒト合意にさいしては、ドイツ、フランス、イタリアなどの思惑が錯綜したが、結局、ユーロを強い安定した通貨にするために、かつてのドイツ連邦銀行型の金融政策を実施する、すなわち物価の安定を大前提とした政策運営をおこなうことになった。そうなったのは、ドイツをヨーロッパ統合の枠組みにとどめなければならなかったからである。ドイツはその思惑を逆手にとって、通貨統合をつぶすべくドイツ型のきびしい財政規律を提案した。それは、通貨統合への参加条件として、単年度の財政赤字の対ＧＤＰ比３％以内、政府債務残高のＧＤＰ比60％以内などきわめてきびしいものであるが、ヨーロッパ諸国はしぶしぶうけいれた。

その後、１９９２年と93年に欧州通貨制度の危機などがあって、通貨統合はしばし話題にものぼらなくなったが、ＥＵ諸国の政府首脳は、95年頃になると通貨統合の実現にむけて猛然とつきすすむようになる。その背景には、ＥＵが協力していかなければ、通貨統合は未来永劫、陽の目をみなくなってしまうという危機感があったからであるが、それ以上にきわめて重要なことは、ＥＵ諸国政府首脳が通貨統合を「外圧」にして、財政構造改革を断行できることに気がついたことがあった。

かくして、千載一遇のチャンスとばかり、ドイツ、フランス、さらにイタリアやスペインまでもが、通貨統合に参加するために財政赤字の削減を断行した。もちろん、歳出の削減も大胆におこない、さまざまな無駄の排除、在外公館の縮小、さらにドイツだけでなくフランスでも国防費の削減などを実施した。軍事産業を基幹産業とするフランスでも国防

図表7　財政赤字の推移

（GDP比、％）

（年）	日　本	アメリカ	イギリス	ド イ ツ	フランス	イタリア
1990	▲1.5	▲5.4	▲1.6	▲2.0	▲2.1	▲11.8
1991	▲0.7	▲5.9	▲3.1	▲2.9	▲2.4	▲11.7
1992	▲1.6	▲6.7	▲6.4	▲2.6	▲4.2	▲10.7
1993	▲4.5	▲5.7	▲7.9	▲3.1	▲6.0	▲10.3
1994	▲4.7	▲4.5	▲6.7	▲2.4	▲5.5	▲9.3
1995	▲6.0	▲3.9	▲5.8	▲3.3	▲5.5	▲7.6
1996	▲6.5	▲3.1	▲4.4	▲3.4	▲4.1	▲7.1
1997	▲5.3	▲2.0	▲2.2	▲2.7	▲3.0	▲2.7
1998	▲6.7	▲0.9	0.2	▲2.2	▲2.7	▲3.1
1999	▲8.1	▲0.7	1.1	▲1.5	▲1.6	▲1.8
2000	▲7.9	▲0.1	3.9	1.1	▲1.3	▲0.6
2001	▲7.6	▲2.1	0.7	▲2.8	▲1.4	▲2.2
2002	▲8.2	▲4.6	▲1.4	▲3.7	▲2.7	▲2.3
2003	▲7.7	▲4.7	▲1.4	▲3.3	▲2.9	▲2.1

（注）　SNAベース、▲は赤字。
（出所）　OECD

費の削減がおこなわれたことは画期的なことであった。この財政構造改革で重要なことは、財政赤字削減の名のもとに社会保障費、社会福祉費の出費を大幅に削減できたことである。ヨーロッパ諸国は、相対的に社会福祉が充実し、ドイツでは賃金水準も高いので、企業の国際競争力は非常に弱まってきていた。日本やアメリカの企業との熾烈な競争に勝ちぬいていくためには、企業の福利・厚生費負担を軽減し、賃金もなんとか抑制しなくてはならない。財政支出についても社会福祉負担が非常に大きいので、これをなんとかしたい。ところが、平時にこれを平和的に実行することは不可能である。ヨーロッパでは労働組合が非常に強いし、ドイツではビスマルク以来、社会保障の長い伝統があるので、これをきりさげることなどできるものではない。

これを通貨統合という21世紀のヨーロッパのビジョンを提示して実行した。それに対して、労働組合もゼネストなどをおこなって抵抗したが、結局、政府の壮大なビジョンのまえにあえなく敗退した。こうして、財政構造改革が実現したのであるが、これが比較的うまくいったのは、歴史の偶然であるが、アメリカ経済の絶頂期とかさなって、ヨーロッパからの輸出が増え、緊縮財政による経済成長抑制効果を緩和できたからである。

通貨統合実現の過程で企業の国際競争力も高まった。企業は、福利・厚生費の削減ができた。また、巨大な単一通貨圏ができることによって、企業のビジネス・チャンスが拡大するが、そこで生きのこっていくために、徹底した経営の合理化・効率化をせまられたからである。通貨統合で為替手数料が激減する銀行の経営の合理化・効率化は、さらにすさまじいもので、銀行間の合併や支店網の削減などが大胆におこなわれた。ユーロ圏に世界の資金を集中させるために、証券取引システムの統合もすすんだ。

このように、通貨統合というのは、平和で真に豊かな21世紀ヨーロッパを構築するためにおこなわれたというのは事実であるが、その過程で財政構造改革だけでなく、経済構造改革や金融システム改革も大いに進展した。

(4) EU拡大の準備

ヘルシンキ首脳会議

通貨統合をめざす「マーストリヒト条約」は、1993年11月に発効し、ECはEU(欧州連合)となった。そして、経済統合のいっそうの深化である通貨統合も1999年1月についに実現し、ＥＵは、いよいよ外延的拡大に本格的に着手することになった。

１９９９年12月10日、ヘルシンキで開催されたＥＵ首脳会議で、スロバキア、ブルガリア、ルーマニア、ラトビア、リトアニア、マルタの6カ国とＥＵへの加盟交渉を２０００年早々にも開始することが決定された。ＥＵはすでに、東欧・中欧諸国のＥＵへの加盟交渉の第一陣として、ポーランド、ハンガリー、チェコ、スロベニア、エストニア、キプロスと交渉を開始していた。

この首脳会議では、トルコも、ギリシャとの領土問題などの解決を条件にして正式な加盟候補国としてみとめられた。トルコの加盟候補国いりが難航したのは、ＥＵ諸国と宗教的・文化的な差が大きいこと、キプロスをめぐって対立するギリシャが最後まで難色をしめしたからである。これらの加盟候補国は、２００３年以降、加盟条件に適合した経済改革がすすんでいる順番に加盟が正式に認められることになった。

この首脳会議では、ＥＵ加盟国の増加にそなえて、１９９９年5月に「マーストリヒト条約」をひきついだ「アムステルダム条約」を２００２年までに改正することも合意された。加盟国が大幅に増加しても、政策決定面で不都合が生じないようにするためである。

ＥＵ加盟にあたっては、経済改革の進展はもちろんのこと、高い環境規制のクリア、農業分野での自由化、人権問題の解決など高いハードルをこえなければならない。さらに、加盟が決定してもEU加盟国による批准承認が必要である。すでに加盟している国には、EUの拡大に反対をとなえる政党が躍進している国もあるので、そう簡単ではない。

しかし、EUの外延的拡大にはずみがついてきた背景には、ユーロ導入直後に生じたがヨーロッパが独自に対処できなかったコソボ問題があるように思われる。すなわち、ヨーロッパの平和と安全、高い生活水準の確保にとって、EUの外延的拡大が不可欠であるという共通認識が形成されてきたからである。

生活水準の高い加盟国にとってはいいことがないという不満はのこるが、EUの重要な機能である富の再配分機能が有効に働くことが重要である。比較的豊な国から相対的に貧しい国に所得移転をするというシステムは、経済的には、紛争を解決するひとつの重要な手段なのではなかろうか。貧富の差の拡大が、テロや戦争の大きな原因のひとつであると考えられるからである。

「ニース条約」の合意

2000年11月にフランスのニースで開催されたEU首脳会議で、「アムステルダム条約」の改正、すなわち「ニース条約」の締結が合意された。この条約は、東欧諸国のEUへの加盟にあたって、EUの意思決定を円滑なものにするために制定されたものであるが、多数決の拡大、持ち票の見直し、欧州委員の構成、統合のすすめかたなどからなっている。

多数決の拡大は、加盟国がたとえ30カ国ちかくに増加しても、意思決定がとどこおらないようにするためである。多数決制の適用範囲は、域内市場統合にかんするルール、財の貿易、消費者保護などであったが、同条約では、欧州委員長の任命、サービスの貿易、知的所有権に関する貿易、司法、地域振興など40項目あまりが全会一致制からはずされて多数決制にうつされた。「アムステルダム条約」での分類による決定事項の約9割で多数決制が採用されることになった。

しかしながら、イギリスなどが国家主権にかかわる事項であるとして抵抗した共通税制と社会保障分野の多くの部分と、ニース首脳会議の議長国であったフランスなどが反対していた映画などの文化関連の通商政策の分野では全会一致制がのこされた。

持ち票の見直しは、EUの意思決定機関である閣僚理事会において、従来、ドイツ・フランス・イギリス・イタリアのそれぞれに10票がわりあてられるなど15カ国で計87票配分され、62票で決定されていたものに適用される。同条約で、ドイツ・フランス・イギリス・

イタリアのそれぞれに29票わりあてられ、最小のルクセンブルグが4票など15カ国で計237票となった。

EUへの新規加盟が実現しもし27カ国となると、たとえばポーランドに27票、最小のマルタに3票など12カ国に計108票がわりあてられ、27カ国で345票となる。EU拡大後の意思決定には、持ち票総計345票のうち258票と加盟国の三分の二以上の賛成が必要である。ただし、賛成国の人口の合計がEU全体の人口合計の62%にたっしない場合には決定することができない。これによって、ドイツのように人口の多い加盟国の発言力が強化されていくものと思われる。

EU拡大後の新規加盟国の持ち票もきめられたことによって、東欧諸国がいつ加盟してもただちにEUの意思決定に参加することができるようになった。この首脳会議では、東欧諸国との加盟交渉を早い国で2002年末までにまとめることで合意された。

EUの閣僚にあたる欧州委員の構成は、従来、ドイツ・フランス・イギリス・イタリア・スペインのそれぞれ2人、その他の国がそれぞれ1人の合計20人であったが、新任期のはじまる2005年から各国1人となる。EU加盟国が27カ国となった段階で加盟国数をしたまわる上限(26人以下)を設定し、欧州委員は、公平な輪番制によって構成される。

同条約で重要な条項は、統合のすすめかたである。従来、通貨統合などはEU加盟国のうち11カ国(2001年1月から12カ国)ですすめてきたが、それでも、この通貨統合については、参加しない国もふくめて全加盟国の合意が必要であった。同条約で、先行統合については、従来の過半数から最低8カ国の参加で実施することができるようになった。先行統合に参加しない国の拒否権は廃止された。この先行統合の規程により、EU加盟国が増加したとしても、より深化した統合が可能となった。先行統合は、軍事・防衛をのぞく共通外交・安全保障政策、司法・内務協力などの分野でもみとめられた。

「ニース条約」は、2001年2月に調印され、2002年10月に発効した。

Ⅱ．ユーロの構造的諸問題

(1) 導入後のユーロ安

導入後のユーロ安

通貨統合開始直後の1999年1月4日にニューヨーク市場でおこなわれたユーロの初取引で、1ユーロは1・1832ドルの初値をつけた。EU財務相理事会が事前に提示した参考レートは1ユーロ＝1・16675ドルであったので、ニューヨーク市場での初値はあきらかにかなりのご祝儀相場であった。したがって、その後、ある程度はユーロ安が予測された。

しかし、通貨統合の開始以降のユーロ安の進行は、事前の予想をはるかにこえるものであった。その大きな要因のひとつは、ユーロのよってたつ基盤が脆弱なことにある。ユーロは、通貨統合参加11カ国（2001年1月から12カ国）で導入されたものの、このユーロ圏は国家ではなく、条約によって行動が規定された「条約共同体」にすぎない。この弱点が白日のもとにさらされたのが直後の3月に生じたコソボ問題であった。ヨーロッパでの紛争にEU・ユーロ圏諸国がまったく無力だったからである。

したがって、コソボ問題が解決にむかい、ユーロ圏の景気回復基調がみられるようになってとりあえずユーロ相場は下げどまった。すなわち、7月には1ユーロ＝1ドルちかくまで低下したが、その後、1ユーロ＝1・05前後で推移していた。しかし、この傾向も長くはつづかなかった。10月末からふたたびユーロ安の傾向が顕著となり、12月3日にはついに一時的に1ユーロ＝1ドルをわりこんで0・9990ドルとなったからである。そして、2000年1月25日に1ドル＝0・9987ドルと1ドルをしたまわり、同年秋には、1ユーロ＝0・82ドル台まで下落した。その後もユーロ相場の低迷がつづいた。

このユーロ安の原因は、どこにあったのか。ドイツ政府による不振建設会社支援、イギリス企業によるドイツ企業へのTOBに対するドイツ政府の介入など反市場経済的な行動への反発、当時、オーストリアで極右政党の参加した政権が発足し、その対応をめぐって、EUの結束がみだれる懸念などがあげられた。

より大きな要因として、ひとつは、EUの景気が低迷していたこと、もうひとつは、アメリカの景気が絶好調であったのでヨーロッパからの投資が拡大したこととヨーロッパ企業によって積極的なアメリカ企業のM&Aが展開されたこと、三つめには、ユーロを導入したユーロ圏というのが国家ではなかったことなどをあげることができる。

EUの景気低迷

ヨーロッパ諸国の輸出は、1997年に生じたアジアやロシアの通貨危機の影響もあって頭打ちとなった。その結果、景気が低迷し、通貨統合に先立つ1998年10-12月期のユーロ圏の実質経済成長率は、前期比で0・2%増と前期の0・7%から大きく後退した。これが、ユーロ導入によって急激に好転するはずがないことはあきらかである。

通貨統合が開始してまもない1999年3月に、欧州委員会は、99年のユーロ圏における経済成長率の見通しを前年10月の2・6%から2・2%に下方修正した。景気の低迷に対処するために、ふたつの対策がとられた。ひとつは、欧州中央銀行が1999年4月に、ユーロ導入後、はじめての利下げを断行したこと、もうひとつは、意図的とも思えるほど、ユーロ圏の政府首脳がユーロ安を放置しつづけたことである。

その結果、ユーロ圏で景気回復のきざしがみられるようになってきたが、背後には、ユーロ導入によって、ユーロ圏全体として金利が低下したことがある。従来は高金利国であったイタリアやスペインなどでかなり金利が低下したこともあって、家計の借り入れも増加し、消費も堅実に増加してきた。企業活動も活発化してきた。それが、欧州中央銀行の利下げによってさらに促進されるとともに、景気がとりあえず回復軌道にのった。

他方、ユーロ安を放置しつづけたことで、輸出主導の景気回復がはかられた。それは、アメリカ経済が絶好調をつづけ、アジア経済の景気回復もみられるようになったことによって一層促進された。ユーロ圏の政府首脳がある程度までユーロ安を放置できたのは、アメリカに匹敵する経済圏をつくりあげたことによって、以前ほど外国為替の相場変動に一喜一憂する必要がなくなったからである。この点がきわめて重要である。さらに、絶好調であったアメリカ経済が景気後退局面をむかえる前に、輸出を増やしておこうという動機もあったかもしれない。

通貨統合をめざして、行財政改革や経済構造改革をおこなったユーロ圏は、アメリカ経済が景気後退局面をむかえてもある程度はたえうるようになった。アメリカ経済が絶好調のときになんら平成大不況克服策をとらなかった日本経済が、アメリカ経済の低迷とともに平成大不況最大の危機におちいったのとは対照的である。

しかしながら、ユーロ安が際限なくつづくとなれば、ユーロの信任がうしなわれ、ユーロ圏からの投資がひきあげられる。ユーロ圏の政府首脳は、防衛線を1ユーロ＝1ドルとしていたようである。したがって、欧州中央銀行(ＥＣＢ)理事会は、1ユーロ＝1ドルをしたまわるのが常態化してきた２０００年2月3日に、最重要政策金利である短期市場金利を誘導する政策金利(レポ金利)を０・25％ひきあげて3・25％とし、9日に実施するオペから新金利が適用された。

欧州中央銀行は、為替相場を政策目標にはしていないが、アメリカの連邦準備理事会が前日に金利のひきあげをしたばかりで、これに追随しなければ、いっそうユーロ安がすすみ、物価上昇圧力が高まることが懸念されたからである。

(2)　ユーロ安の諸要因

対外的要因

導入後にしばらくつづいたユーロ安の最大の原因は、ユーロ自体に内在する諸問題にあることはいうまでもないことであるが、対外的には、アメリカの景気が絶好調だったことにある。

１９９９年から２０００年にかけてアメリカでネットバブルが発生した。どうして、ハイテク関連株価のバブルが生じたかというと、相対的に競争力のないオールドエコノミーでのバブルが一段落し、ニューエコノミー株に資金が流入したからである。その資金は、２０００年問題対策で中央銀行からふんだんに市場に供給された。ネットバブル生成は、２０００年問題対策と密接に関連している。

ヨーロッパの資金は、成立間もなく、まださきゆきがどうなるかわからないユーロ圏よりも、景気が絶好調なアメリカに、とくに暴騰しているインターネット企業関連株にむかった。収益機会の高いアメリカにユーロ圏から投資が激増するのは当然である。同時に重要なことは、広大な単一通貨圏であるユーロ圏においてアメリカ企業との熾烈な競争を勝ちぬくために、ヨーロッパ企業や金融機関がアメリカ企業のM&Aを強烈にすすめたことによるものである。企業・経営風土のまったくちがうアメリカでビジネスをおこなうには、アメリカの企業を買収したほうが効率的だからであろう。

ヨーロッパからアメリカへの直接投資額は、1997年に1056億ドル、98年に1790億ドル、99年に2895億ドル、2000年には3077億ドルと、通貨統合を前後して急増している。同じく株式・社債の証券投資も1997年に1304億ドル、98年に1563億ドル、99年に2988億ドル、2000年に4552億ドルと、とりわけネットバブル期に急増し、アメリカのネットバブル形成に一役かった。

ユーロ圏からの投資が増えるということは、ユーロをドルにかえてアメリカの株式などに投資するので、ユーロ安になるのは当然である。他方、ユーロ圏諸国の政府首脳も輸出を拡大できるので、景気のてこいれのためにしばらくは、あえてユーロ安を放置したようである。しかし、これらはそれほど大した問題ではない。問題は、ユーロ安の内在的諸要因、すなわちユーロ自体の諸問題、ユーロのよってたつところのユーロ圏・EU自体の諸問題とそれを克服するためにどういう対策をとらなければならないかということにある。

内在的要因

通貨統合開始以降、ユーロが売られつづけた根本的原因は、ドルの発行主体であるアメリカがれっきとした国家であるのに対して、ユーロ圏というのが条約にもとづくたんなる「経済共同体」であって、国家ではないということにつきる。現代における国際（基軸）通貨の流通根拠は、経済力、金融・証券市場の規模と流動性、軍事力・軍事技術、科学・技術で圧倒的な勢力を保持している国家を背景にしているということにある思う。だから、アメリカは、武力で世界をねじふせて、膨大な経常収支赤字による諸矛盾を甘受させようとしているのだろう。

ユーロ圏は、経済力、金融・証券市場の規模と流動性という側面では、アメリカにせまりつつある。しかし、アメリカは、一次産品の取引の規模でユーロ圏を圧倒している。さらに深刻な問題は、ＥＵ・ユーロ圏は、軍事力・軍事技術の側面では決定的におくれをとっているばかりでなく、共同軍事行動もとれないでいることである。これでは、ユーロが国際通貨として信任など得られるはずがない。

図表8　EUの経済力

	EU15カ国	アメリカ	日本
面積 単位：1,000㎢	3,191	9,373	378
人口 単位：1,000人	379,600	279,310	126,873
国内総生産（GDP） 単位：10億ユーロ	8,817	11,398	4,633

（注）　人口は2002年1月1日の推定値。GDPは2001年の数値。

国別・地域別世界貿易の割合（2002年）

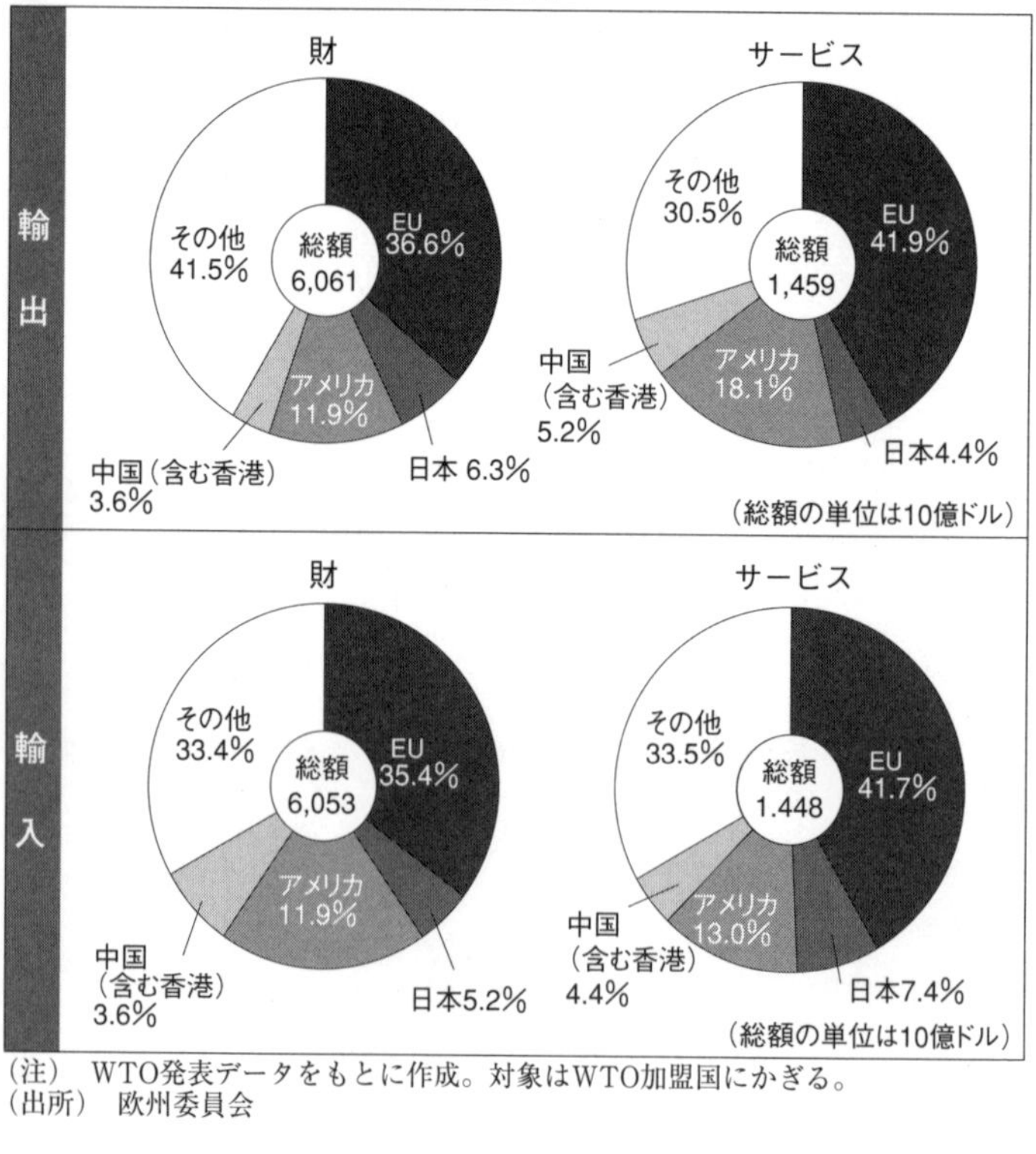

（注）　WTO発表データをもとに作成。対象はWTO加盟国にかぎる。
（出所）　欧州委員会

したがって、ユーロがアメリカ・ドルとはりあう国際(基軸)通貨となるための最低限の条件は、ユーロ圏あるいは少なくともEUレベルでの軍隊をもつこと、そして、より根本的には、レベルはともかくヨーロッパ連邦の結成という政治統合を実現することである。私は、拙著『ユーロは世界を変える』(平凡社新書、1999年)において、ユーロが世界をかえるにはヨーロッパ連邦の結成が不可欠であると主張したが、ユーロが導入されてから、最終的には、政治統合と軍事統合ということをさけてとおれないということが明確になってきた。

ドイツのフィッシャー外相は、2000年5月にベルリンでおこなった演説でヨーロッパ連邦の構想を提案した。それは、ひとつは、統一憲法を制定し、各国政府はヨーロッパ連邦のさだめた法律の範囲内で権限をもつ、もうひとつは、権限のかぎられた欧州議会ではなく、各国の議員からなる新欧州議会を設置し機能を強化するというものである。もちろん、政治統合がそう簡単に実現するはずがない。しかし、通貨統合を完成させようとすればなんらかのレベルでの政治統合にむかわざるをえない。そうしたなかで、ユーロ圏政府首脳によって政治統合へのある程度の道筋が提示されたということは、通貨統合の完成にむけて第一歩がふみだされたといってもいいであろう。

(3) ユーロ相場の回復

相場の反転

導入後、ほぼ一貫してすすんできたユーロ安に反転の兆しがみられようになったのは、2001年9月の同時多発テロ以降のことである。それでも1ユーロ＝1ドルをしたままったままであったが、ユーロ現金が流通を開始した2002年になると本格的反転をしめし、7月についに1ユーロ＝1ドルを突破した。イラク攻撃が終結した2003年5月には、ついに導入後の最高値をつけた。

アメリカのイラク攻撃に猛反対したフランスへの報復として、アメリカが意図的にドル売り・ユーロ買いをしかけているともいわれた。たしかに、ユーロ相場が回復し、導入時よりも高くなったら、さすがにフランスやドイツなどのヨーロッパ企業の輸出が減退し、景気の低迷が加速された。しかし、これは、アメリカのヨーロッパ大陸諸国への報復というよりも、アメリカの景気を高揚させて大統領選挙で再選を勝ちとるために、アメリカ企業から要請されていたドル安誘導をおこなった帰結にすぎない。

露骨にドル安誘導をおこなうと、日本などからそれは困るといわれてしまう。深刻なデフレにおそわれている日本には、とりうる経済政策はほとんどない。数少ない手段が円安政策である。円安がすすめばアメリカへの輸出が増えるし、輸出企業の利益が増加する。輸入物価も上昇して、デフレ克服要因になるからである。アメリカがヨーロッパへの報復でドル安・ユーロ高を演出してくれているぶんには、対ユーロで円安になり日本からヨーロッパへの輸出が増えるし、輸出企業も利益があがる。だが、円高になるのは困るというわけである。なんとも虫のいいはなしである。

イラク攻撃後に顕著になってきたユーロ高というのは、断じてアメリカのヨーロッパ大陸諸国への報復などによるものではない。現状のアメリカ経済にそのような力量はない。ユーロ反転というのは、やはり、イラク攻撃を契機にして、第二次大戦後、基軸通貨の地位をほしいままにしてきたアメリカ・ドルがついに凋落の道をたどることになる兆候なのであるとみたほうがいい。すなわち、１９９０年代末にアメリカに大挙して流入した投資資金がヨーロッパに逆流しつつあるということである。

ユーロ相場回復は、アメリカが冷戦終結後にも、財政赤字の抑制、国際収支の均衡という基軸通貨国としてどうしてもまもらなければならない義務をないがしろにし、いままた世界最高のアメリカ的生活水準を維持するために、武力でもって世界にドルをうけとらせようとしていることに世界が猛反発している結果である。

相場回復の要因

ヨーロッパ諸国、とりわけフランスとドイツは、いままでのアメリカの通貨・経済支配についに最後通牒をつきつけた。アメリカによる傍若無人なイラク攻撃に敢然と反対したことがその第一歩であった。ヨーロッパ諸国は、ユーロをアメリカ・ドルとはりあう国際通貨にすえることで、アメリカの傍若無人な行動を抑制しようとした。

その手はじめがEUの外延的拡大である。EUは、あらたに東欧諸国10カ国が加盟して25カ国になる。アメリカのイラク攻撃に多くの加盟予定の東欧諸国が賛成したので、そんなにうまくいくはずがないといわれるが、けっしてそうではない。東欧諸国は、アメリカではなくEUに依存しなければ生きていくことはできないからである。イラク攻撃がおこなわれたときには、すでにEU加盟が決定されており、いくらフランスがいきりたってもいまさらEU加盟を白紙にもどすことなどできない。東欧諸国のイラク攻撃支持は、たとえＥＵに加盟しても、フランスやドイツなどＥＵにおける大国のいうがままにはならないというむなしい抵抗の意思表示であった。

もうひとつは、ヨーロッパ連邦と独自の防衛体制の構築である。金の裏づけをまったくもたない現代の国際通貨の流通根拠は、「紙切れ」をうむをいわさずうけとらせ、流通させる強大な軍事力にほかならない。しかも、国際通貨を発行する主体は、レベルはともかくどうしても主権国家の体裁をととのえていなければならない。外交・防衛、外国為替相場安定のための協調、財政節度の遵守、国際収支の安定などを適切かつ機敏に実行しなければならないからである。ＥＵでは、イギリスの抵抗などもあるが、ようやくヨーロッパ連邦結成にむけた議論がすすみつつある。

もし、なんらかのレベルでヨーロッパ連邦ができれば、いよいよユーロは、文字どおりアメリカ・ドルに対抗できる国際通貨となりうる前提がはじめて整う。

(4)「文化」の対決

アメリカ的価値観への抵抗

ここできわめて深刻な問題として指摘しておかなければならないことは、アメリカがドルを世界各国に強制的につかわせようとするだけでなく、その強大な軍事力を背景にして、世界中にアメリカ型の民主主義や女性の尊重などの価値観をおしつけようとしていることである。

第二次大戦中にイギリス軍は、ミャンマーの寺院に土足ではいったという。日本軍は、靴を脱いで寺院にはいったので、ミャンマーのひとびとの日本軍への印象はいいという。だが、これはたんに習慣のちがいであって、イギリス軍は、「郷に入ったら郷に従え」ということで、靴を脱ぐべきだっただけのことである。

イラク攻撃後の治安回復でもアメリカ軍兵士がイラク人の忌み嫌う犬を連れて民家を捜索したり、男性兵士が女性の部屋にはいりこんだりしたら、イラクのひとびとが怒り狂うのは当然のことである。ちゃんと調べて犬などつれていかず、女性の部屋を捜索する必要があるのならば女性兵士がおこなうべきである。やはり英米軍には占領軍意識があるのだろう。

オサマ・ビンラディンがアメリカへのテロを決意したのは、みずからの出身地であるとともにイスラム教の聖地であるサウジアラビアに駐留したアメリカ軍の女性兵士が、肌まるだしでいたことが許せなかったからだといわれている。本当にそうだったとは思わないが、女性が黒装束に身をつつんでいるところにいったら、女性兵士もそれにちかい格好をすべきなのだろう。それがいやなら、女性兵士を派遣してはならない。

しかしながら、軍事的に世界最強になったアメリカにとって、どうしてそんなことをしなければならないのか、世界はアメリカのいうことをきけということなのだろう。女性が蔑視されているアラブ諸国はけしからん、アメリカのように女性の地位向上が必要だといったところで、よけいなお世話である。あくまで、主権国家の国民がきめることであって、アメリカにいわれてなおさなければならないというものでもない。

イスラエル問題にもアメリカは、自分の都合で対処している。イスラエルがどれだけ国連決議を無視しても文句もいわないのに、イラクが大量破壊兵器についての国連査察に協力しないといって武力攻撃をしかけるというのであれば、だれもアメリカを信用しないだろう。イスラエルの存在をみとめない国や勢力は武力でおしつぶすということを世界にしめそうとしたのが、イラク攻撃のひとつの理由であった。その急先鋒のイラクのフセイン政権をたおしたら、もう一方の反イスラエル勢力であるシリアはふるえあがってしまった。アメリカの戦略的勝利である。しかしこのようなことが、いつまでも通用するはずがない。

世界各国の自己主張

日本は、戦後、アメリカ占領軍のもとでアメリカ型民主主義やアメリカ文化を積極的にとりいれた。高度成長もアメリカのおかげ達成できたし、高度成長後にはアメリカ市場に輸出をすることで、明治以来の民族の悲願であったヨーロッパの経済水準においつくことができた。もちろん、アメリカにとって日本は、膨大な貿易黒字を円高で「減価」してくれたり、金融システムのアメリカ化である金融ビッグバンを断行して、金融資本にもうけさせてくれるいい国である。

それでも、日本は、多大な恩義をアメリカにかんじたこともあって、政治的・軍事的にアメリカの忠実な「しもべ」となり、国際外交の舞台でもアメリカのいうとおりに行動している。日本の外務省に外交といえるものがないのは、海千山千の外交官が腹のさぐりあいですすめる外交の舞台で、アメリカのうしろをついてきただけだからである。

冷戦期には、旧ソ連という「強敵」がいたので、西側諸国はアメリカにしたがわざるをえなかった。それをアメリカは、西側諸国はいつでも自分のいうことをきくものだと誤解したのであろう。ところが冷戦の終結がせまるとフランスが中心となって、ドルに対抗する通貨を導入しようとした。アメリカは、イギリスをつかってヨーロッパ大陸諸国をおさえこもうとしたが、それも失敗した。日本はアメリカの忠実な同盟者になってくれたのに、どうしてヨーロッパがさからうのか、アラブ諸国も自分のいうことをきかないのか、アメリカは徐々にいらだってきた。

旧ソ連という強敵が消えさり、軍事的には対抗できる国がないまでに強大化したアメリカは、世界を自分の思うがままに支配したいと考えるようになった。だが、日本とちがって、ヨーロッパ大陸諸国や中東諸国は、アメリカ型民主主義と歴史の重みもない「浅薄」なアメリカ文化のうけいれはもちろん、経済・金融システムへのアメリカン・スタンダードの導入も断固として拒否した。

Ⅲ．ヨーロッパの台頭

(1) ＥＵの外延的拡大

中・東欧諸国のＥＵ加盟

ＥＵは、ＥＥＣとして１９５８年にドイツ、フランス、イタリア、ベネルクス三国で発足してから、73年にイギリス、アイルランド、デンマーク、81年にギリシャ、86年にスペイン、ポルトガル、そして、95年にオーストリア、スウェーデン、フィンランドが加盟して15カ国となった。その後、ＥＵは通貨統合に全力を投入しなければならなかったこともあって、ＥＵへの新規加盟はなかった。

図表9　拡大するEU

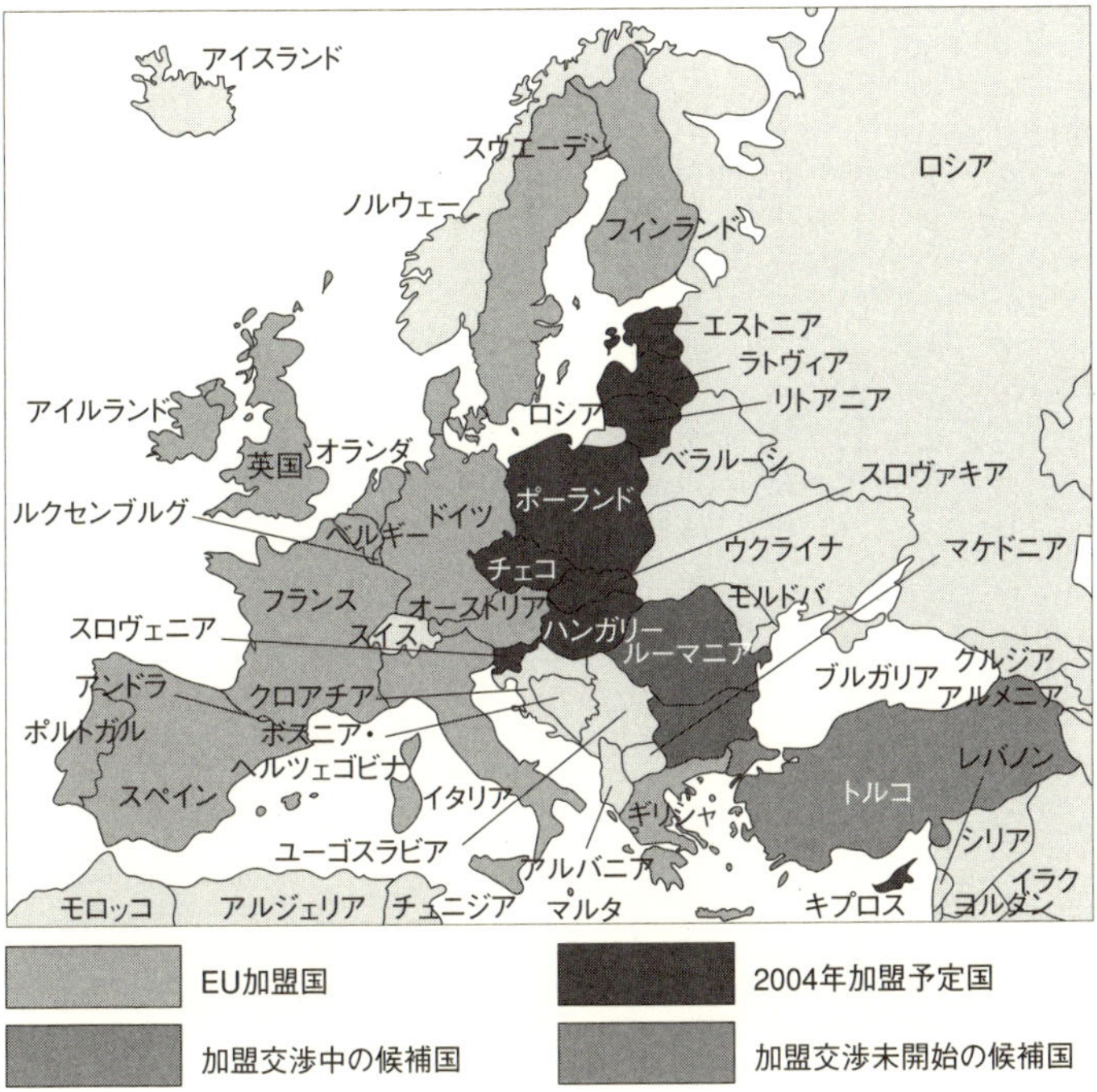

２００２年12月13日にコペンハーゲンで開催されたＥＵ首脳会議で、中・東欧諸国10カ国とのＥＵ加盟交渉が終了し、２００４年５月にＥＵ25カ国体制に移行することが正式に決定された。そして、２００３年４月16日に新規加盟にともなうＥＵ拡大条約が調印された。新規加盟国は、ポーランド、チェコ、ハンガリー、スロベニア、スロバキア、エストニア、ラトビア、リトアニア、キプロス、マル

タである。ここで加盟交渉がおくれ、加盟対象とならなかったブルガリアとルーマニアについては2007年の加盟を目標に交渉がつづけられることになった。トルコについては、2004年12月に交渉を開始するかどうか判断されることになった。

旧社会主義国が多い中・東欧諸国のEUへの加盟については、議会制度の確立、人権擁護、少数民族の保護などが要求されたほか、資本移動や競争、税制、教育、司法、文化など約30の分野での加盟交渉がおこなわれた。

当初、準備のととのった国からEUに加盟し、それ以外があとから加盟するという二段階加盟論が支配的であったが、1999年のユーゴスラビアのコソボ問題が事態を一変させた。この紛争を契機にヨーロッパの安定のためには、EUを中・東欧に拡大しなければならないという認識が急激に高まってきた。そこで、同年末におこなわれた首脳会議で加盟交渉対象国として12カ国が明示され、いっきょにEUを拡大することが決定された。

じつは、EUの結束が強まり、東欧諸国の加盟がきまったのは、フランスとドイツの共通農業政策の対立が解決したことが大きい。

農業補助金については、EUの拡大にともなってさらに拠出額が増えるドイツと最大の受益国であるフランスが対立していたが、新規加盟国への農業補助金の支払いを2004

年から開始する一方で、２００７年から２０１３年までは農業予算の総額を実質ベースで凍結するということで一致した。それは、アメリカが単独行動主義をとり、世界支配をもくろんでいるときに、フランスとドイツが対立している場合ではなく、結束してＥＵの外延的拡大をはからなければならないということによるものであろう。

強大化するＥＵ

経済成長余力のある中・東欧諸国がＥＵに加盟するとＥＵ諸国の経済成長が促進されるという利点もあるが、他方、相対的に低賃金の中・東欧諸国への工場移転にはずみがかかったり、新規加盟国からの輸入が増えてドイツなどの景気低迷がさらに深刻化する可能性がある。そのため、欧州委員会の勧告書では、新規加盟国からの輸入を制限できる条項が明記された。労働力の流入も最大７年間の規制が可能となっている。

２００３年６月におこなわれた旧東ドイツ地域で時短のストライキがすぐに中止となったのは、そんなことをしていたら東欧に工場移転されて時短どころか、失業してしまうからである。

この東欧諸国のＥＵ加盟にさいして、アメリカは、なんとかくさびをうちこもうとしている。ヨーロッパが一丸となっているよりも、バラバラのほうがアメリカの相対的地位が高まるからである。事実、ＥＵ加盟国のスペインばかりか、多くの東欧諸国もアメリカのイラク攻撃を支持した。ポーランドなどは、イラク攻撃に参戦しアメリカから「あたらしいヨーロッパ」ともちあげられた。それに対して、イラク攻撃に反対したフランスやドイツが「ふるいヨーロッパ」とこきおろされた。ポーランドは、イラク戦後統治でも重要な役割をはたしている。軍用機の購入でもヨーロッパ製ではなく、アメリカ製を大量に発注した。

ところで、ＥＵが新規加盟国に配分する予算は、農業補助金のほか地域開発資金など三年間でじつに総額４０8億ユーロ、日本円で5兆円強にのぼる莫大なものである。ポーランドの加盟交渉では、新規加盟国のうち最大の農業国である同国が農業補助金の増額を要求したので難航した。結局、ＥＵが中・東欧諸国への補助金の支給を前倒しして短期的に増額することで合意している。ＥＵに加盟してとれるものはとるが、発言権を高めるためにアメリカにもおべっかをつかうというのではとおらないだろう。いずれ、そんな国には補助金を減らせということになってしまう。

中・東欧諸国10カ国がＥＵに加盟することで、ＥＵ全体の人口は23％増加して4億６2

００万人になる。国内総生産（ＧＤＰ）の合計は、５％弱増加して８兆２５００億ドルとなる。これは、アメリカの約８割、日本の約２倍の規模である。２００７年にさらに２カ国が加盟すると経済規模において文字どおりアメリカに匹敵する巨大経済圏に生まれかわる。トルコは、１９９９年にＥＵへの加盟候補国となったが、人権問題や民主化のおくれから加盟交渉にはまだはいっていない。２００２年12月にコペンハーゲンで開催された首脳会議で、２００４年12月に人権問題などの改革の進展状況をみて加盟交渉を開始するかどうかを判断することで合意された。

当初、フランスとドイツは、２００４年末に改革を評価して、２００５年７月にトルコの加盟交渉を開始するということで交渉にのぞもうとした。しかし、アメリカとイギリスは、さらに前倒しするように主張したが、アメリカの圧力にフランスが反発し、結局、２００５年７月に加盟交渉を開始するという時期がはずされた。トルコの加盟交渉がさらにさきのばしになる可能性がでてきた。

イラク攻撃にさいしてなんとしてもトルコを出撃拠点にしたいアメリカのブッシュ大統領は、トルコのＥＵ加盟をアメリカが後押しすることでイラク攻撃への支持をとりつけようとした。当然のごとくＥＵ側はアメリカの横やりに不快感をしめしたが、トルコ自体もイラク攻撃にさいしてのトルコの基地使用を認めなかった。

(2) 防衛体制の強化

緊急対応部隊の創設

ユーロ圏が条約にもとづくたんなる共同体にすぎないという弱点が露呈したのはコソボ問題への対応のしかたであった。ユーロ圏の足下で生じた問題に、ＥＵやユーロ圏が有効に対応できなかったからである。すばやい対応をしたのは、誕生まもないユーロにあてつけたわけでもないだろうが、アメリカとイギリスであった。

ＥＵやユーロ圏は、コソボ問題からの教訓として、地域紛争の解決は政治統合によってしか最終的に解決できないのであるが、その実現にはかなりの時間がかかるので、とりあえず独自の軍事力をもつことが不可欠となったということを導きだした。そこで、１９９9年12月にヘルシンキで開催されたＥＵ首脳会議において、ＥＵ独自の平和維持活動をおこなう緊急対応部隊を創設することが合意された。

新部隊の兵員は5～6万人規模で、60日以内に展開を終了し、紛争地域に1年以上駐留できる能力をもたせることが目標とされた。新部隊は、2003年までに出動態勢を整えることになった。しかしながら、軍事活動に不可欠な偵察や通信網はアメリカに依存しているNATOのものを使用することになっていた。この部隊は、結局、アメリカの軍事力を前提とした新部隊にすぎないといえるかもしれない。

他方、NATOは、ユーゴスラビア・コソボ自治州に展開中の平和維持部隊の指揮権を2000年4月以降、欧州合同軍に移管した。欧州合同軍というのは、1995年に、独仏合同軍を格上げして創設されたもので、ドイツとフランスのほかにスペイン、ベルギー、ルクセンブルクの5カ国で構成されているが、実際に機能してはいなかった。これは、緊急対応部隊が創設される以前にも、EUがヨーロッパの軍事行動の主導権をとろうとする試みだったのであろう。

こうして、EU緊急対応部隊の構成が、2000年12月のニース首脳会議で了承された。その概要は、第一に、従来の軍事機構であった西欧同盟を解体・吸収して、EUの内部に100人規模の幕僚部を設立する、第二に、緊急対応部隊の規模を6万人から7万人とし、2002年にも発動できる体制をつくりあげる、第三に、デンマークをのぞくEU加盟14

カ国が兵力や戦闘機、軍艦などの軍備を提供し、トルコなどＥＵに加盟していないヨーロッパおよびヨーロッパ周辺国も参加するというものである。

ただし、従来、ユーロ圏は、アメリカなみに国防費を増やすつもりはなかったと思われる。１９９９年の国防費のＧＤＰ比は、１・８％で前年比０・１％減だったからである。強い通貨ユーロを実現する大前提である財政赤字削減にとって、国防費も聖域ではないからであろう。アメリカとはりあうような軍事力をもつのではなく、あくまでヨーロッパの地域紛争を解決しうる軍事力でよいという考え方があるように思われる。

それでも、ユーロ圏は、アメリカに少しでもちかづく軍事技術水準を保持しようと努力していた。従来、ユーロ圏の防衛産業の足並みはみだれていたが、ようやく１９９９年10月に、ドイツの航空防衛最大手のダイムラー・クライスラー・エアロスペース（ＤＡＳＡ）とフランスの防衛大手のアエロスパシアル・マトラが合併することで合意した。ＤＡＳＡとスペインのＣＡＳＡも６月に合併で合意していたので、ドイツ、フランス、スペインの防衛大手が合併されることになった。

防衛力と防衛産業の強化

ユーロが文字どおりアメリカ・ドルに匹敵する国際通貨となるには、ＥＵが独自の防衛力を強化し、ユーロ通貨圏での安全がしっかりと確保されることが大前提である。問題は、そのさい、アメリカを含めた防衛体制を構築するのか、あるいはヨーロッパ独自の防衛力をつくりあげるかということである。従来、ヨーロッパの防衛は、アメリカをふくめたＮＡＴＯがになってきた。これは、冷戦期には、旧ソ連の核戦略に対してヨーロッパだけでは対抗できなかったからである。しかし、冷戦も終結し、その必要性もなくなった。

そこで、ＥＵは、地域紛争解決のためにＮＡＴＯとは別に独自のＥＵ緊急対応部隊の創設をきめた。それに対して、イギリスは、この部隊はあくまでもＮＡＴＯを補完するものであるという立場をとっている。ヨーロッパ防衛にアメリカをいれるか、いれないかということが、イギリスとフランス・ドイツのあいだで議論になっている。アメリカとの連携にこだわるイギリスとアメリカから自立したいフランスとのあらそいである。この思惑が激突したのは、イラク攻撃をめぐってＮＡＴＯによるトルコ支援問題であった。

２００３年2月、アメリカが国連決議なしにイラク攻撃を強行しようとすることに、フランス、ドイツ、ベルギーが徹底的に抵抗していた。したがって、アメリカが単独攻撃によるイラク開戦となったら、報復攻撃をうける可能性のあるトルコの防衛をNATOに要請したら大反対にあうのは当然のことである。NATOは、16日に軍事政策を決定する防衛計画委員会を開催し、トルコにNATOの空中警戒管制機、NATO加盟国のミサイル防衛システムと対生物化学兵器装備を配備することで合意した。じつは、フランスは、1966年にNATOの防衛計画委員会から離脱しており、この決定はフランス抜きでおこなわれた。ドイツとベルギーは、NATO結束のために妥協した。

イラクへの大規模攻撃が終結した2003年4月29日、イラク攻撃に反対したベルギーがフランス、ドイツ、ルクセンブルクによびかけて、ブリュッセルで首脳会議を開催した。ここで、EUの防衛力強化のために欧州安保・防衛同盟の創設が提案された。首脳会議で、EUの防衛力強化のために、EU部隊による平和維持活動などの調整や実施にあたる司令部を2004年までに設置する、核・生物・化学兵器対策や空輸能力を強化する、武器の調達を効率化するために、EU共通の武器開発・調達機関を創設して、コスト削減や相互運用度の向上、ヨーロッパ防衛産業の競争力の強化をめざすことなどが提案されている。

ヨーロッパの防衛産業の強化もすすんでいる。パリ航空ショーがひらかれた2003年6月、ヨーロッパ最大の航空・防衛産業でドイツ、フランス、スペイン合弁のEADSは、イギリス政府から軍事通信衛星システムであるスカイネット5を受注したと発表した。欧州宇宙機関もヨーロッパ版の全地球測位システム（GPS）であるガリレオ計画の第一段階が6月から本格的に開始されると発表した。ヨーロッパ諸国は、アメリカの運営するGPS衛星にたよってきたが、独自のシステムを開発することになった。フランスは、ヨーロッパはじめての無人攻撃機の開発をおこなうべく、フランスの防衛大手企業タレスに発注した。EADS傘下のエアバス・ミリタリーも、5月にヨーロッパ7カ国から次世代軍用機であるA400Mを180機受注した。

ヨーロッパの軍事産業をになっているフランスは、2003－08年の防衛予算を前期比で6・1％増額している。ユーロが国際通貨としてドルとはりあうには、独自の防衛能力をもつことが大前提であるのが、フランスは、アメリカに匹敵するくらいの軍事技術・軍事力を装備しようとはしない。アメリカの軍事費は膨大なものであるので、とうていフランスはおよばないからである。

アメリカのように世界を力で強引にねじふせるような軍事力は、ヨーロッパには不要である。対テロ戦争で勝利し地域紛争を解決できれば充分だからである。アメリカのような強大な軍事力をもつと、世界を支配したくなるので、アメリカも大幅な軍縮をおこなったほうがいい。もっとも、そんなことをしなくても、おっつけ財政赤字が深刻化し、軍事費をそうとう減らさなければならなくなるのはあきらかであるが。

(3) ヨーロッパ連邦への展望

EU憲法草案の策定

2001年12月に開催された首脳会議でヨーロッパの統合のあり方を検討する「EUの将来像に関する諮問会議(欧州将来像協議会)」の設置がきまり、2002年2月から活動を開始した。そして、諮問会議は、2003年6月13日にEU憲法草案を採択した。同草案は、6月20日にギリシャ北部テッサロニキで開催されたEU首脳会議で基本承認され、最終調整のための政府間会議を2003年10月から開始し、2004年6月の欧州議会選挙までにEU憲法を完成することがきめられた。

EU憲法草案は、EU大統領、正確には任期2年で再選一回可能な首脳会議議長を新設することをうたっている。現状では、首脳会議の議長は、加盟国首脳が輪番でつとめている。そのため、政策の継続性が欠落し、対外的にも影がうすかった。したがって、首脳会議の常任議長をおくことでＥＵの政策の継続性を保証し、対外的にもＥＵを代表できる。しかしながら、フランスやドイツなどのＥＵの大国が主導することに対する反発もあり、いわゆる大統領と従来の首脳会議議長との中間的なもので、加盟国間の調整役という性格におちつくようである。

ＥＵの外交を担当するのが新設されるＥＵ外務大臣である。ＥＵの外交は、首脳会議に対して責任のある共通外交・安全保障上級代表と、ＥＵの行政府である欧州委員会の対外関係担当委員がになってきた。共通外交・安全保障上級代表というのは、１９９９年に発効した「アムステルダム条約」で新設されたポストで、外交面でアメリカとならぶ発言力をもつことをめざして設置された。ＥＵ外相は、この二分されていた外交担当者が一体化したものであって、ＥＵ共通外交・安全保障政策を担当し、欧州委員会の副委員長もかねる。これによって、ＥＵの外交政策の調整や対外的な窓口が一本化される。

ＥＵ大統領職が新設されれば、執行機関である欧州委員会の長である委員長の地位が相対的に低下することが懸念される。そこで、欧州委員長は、加盟各国の有権者から直接選出される議員で構成される欧州議会によって選任されるようになる。ＥＵの閣僚に相当する欧州委員は、効率性を高めるために、議決権をもつ委員は15人とし、あとは加盟国の数だけ議決権のない委員とされる。

ＥＵの議決方式について、多数決によって決定される分野が司法・警察分野をはじめ多くの分野で採用される。ただし、外交・安全保障政策などについては、全会一致方式がひきつづきとられる。

このＥＵ憲法草案は、従来のシステムの延長線上にあるもので、かならずしも政治統合、ヨーロッパ連邦に質的に転化するものではない。しかしながら、ＥＵを代表する大統領的な職が創設され、外交もＥＵ外務大臣がおこなうということになれば、「ひとつの国家」へのささやかではあるがその第一歩がふみだされたということはできるのではなかろうか。

ＥＵ安全保障戦略の策定

ユーロが確固たる国際通貨となるには、ＥＵが明確な安全保障戦略をもつことが大前提である。テッサロニキ首脳会議は、テロと大量破壊兵器の拡散というあらたな脅威に対処するために、ＥＵが結束して対応する包括的安全保障戦略を確立していくことで一致した。

ＥＵ安保戦略の概要は、危機が発生するまえにも行動を準備する戦略をもつというものであるが、第一に、脅威に対して、先制攻撃ではなく、先制関与、すなわち政治的・外交的、経済的手段をふくむ圧力を駆使して封じこめる努力をおこなうが、外交や経済制裁などでも対処しきれない場合、国連安全保障理事会での承認を前提に、最後の手段として武力行使を排除しない、第二に、EU加盟国が独自に取り組む対外援助を調整する、第三に、軍事力を強化するとともに、加盟国間の軍備の調整と軍事情報を共有し、EUの外交を強化するというものである。

このように、EU・ユーロ圏は、政治統合、防衛力強化という方向に着実にすすんでいる。これは、アメリカがイラク攻撃の「成功」を契機にブッシュ・ドクトリンを強行していけば、世界平和に甚大な危機をもたらす可能性があることが背景となっているであろう。EUが結束して、アメリカの単独行動主義を牽制し、国連の枠組みのなかでテロや大量破壊兵器の拡散を防止していこうとするものである。EUの政治統合がすすみ、防衛力が強化されていくことになれば、ユーロの国際通貨としての地位は、ますます向上していくことになるであろう。

(4) ドルの凋落とユーロ台頭

アメリカ・ドルの凋落

金本位制のもとでは、各国通貨は金とのつながりがあるので、原則として、金兌換が保証されていれば各国貨幣はすべて国際通貨として流通する。そのなかで、国際的な支払い決済において、主要な役割をはたすのが基軸通貨である。しかし、金本位制から管理通貨制に移行すれば、本来は、国際的支払い決済は金でおこなわれるはずであるが、世界が金本位制から離脱した1930年代には、ポンドとドルが基軸通貨の役割をはたした。

第二次大戦後は、IMF体制にもとづいてアメリカが対外国通貨当局に限定されていたものの、金1オンス＝35ドルで交換をした。したがって、戦後のドルは金の裏づけをもつ基軸通貨として、世界中で支払い決済に使用された。管理通貨制下で基軸通貨国に絶対的に要求される義務は、自国の財政収支と経常収支の均衡である。これをおこたると基軸通貨が減価し、国際的インフレの現象形態である基軸通貨の為替相場暴落という結果になる。

しかしながら、戦後、冷戦体制のもとでは、アメリカは、財政と経常収支の均衡をはかるということはできなかった。共産主義の脅威から西側陣営を死守することがアメリカにかせられた世界史的使命となったからである。アメリカ自体は、膨大な国家予算を最先端の軍事技術、航空・宇宙技術、情報・通信などに投入して、旧ソ連の脅威にそなえなければならなかった。そのおかげで、経済成長効果が大きい本来の重化学工業の国際競争力は極端に低下した。

アメリカは、共産主義の脅威から西側社会をまもるために、世界各地にアメリカ軍を駐留させ、反共産勢力を資金的・軍事的に援助した。国内では、膨大な国家資金をつかって超最先端の重化学工業を発展させ、海外には膨大な軍事援助や資金援助をおこなうとともに、膨大なアメリカ軍を展開させたので、財政赤字が激増していった。

超最新鋭の重化学工業は発展したもの、鉄鋼、金属・機械、化学、電機、自動車などの本来の重化学工業はおろそかにされたので、消費財関連の重化学工業製品の輸入が激増し、その結果、アメリカの経常収支赤字もまた膨大なものとなった。

じつは、アメリカの時代は、第二次大戦前までで終了していた。第二次大戦では、アメリカが唯一世界の軍事生産基地になって膨大な利益を確保した。戦後は、このもうけをはきだすことでしか資本主義体制を維持することができなかった。同時に、超最先端の重化学工業に特化せざるをえなかったので、消費財の生産を放棄した。そのためには、どうしてもドルが基軸通貨でなければならなかった。というのは、貿易収支の赤字が増えても世界から消費財を購入しなければならないからである。しかし、世界にドルを供給した結果、ドル暴落の危険性がでてきたので、フランスなどはアメリカにドルと金の交換を要求した。

そこで、1971年8月15日についに、アメリカは、外国通貨当局に対しても金1オンス＝35ドルでの金交換を停止した。ここで、ドルは、基軸通貨の地位をおりて、財政赤字の削減と経常収支の均衡に全力を投入しなければならなかった。しかし、当時はまだ冷戦が支配的であったので、西側陣営は、従前どおりアメリカ・ドルを基軸通貨としてうけとった。ドルの支払いを拒否すれば、資本主義体制が崩壊しかねなかったからである。

問題は、冷戦が終了した1990年代も依然としてドルが基軸通貨の役割をはたしつづけていることである。それは、現代における国際通貨の流通根拠が圧倒的な経済力、金融・資本市場、軍事技術・軍事力にあるからである。とくに、アメリカ・ドルが現状でも基軸通貨として流通できるのは、その強大な軍事力と軍事技術にあると考えられる。したがって、1999年にドルをおびやかすようなユーロが導入されると、アメリカは、なんとし

図表10　ユーロ圏からの対外証券投資

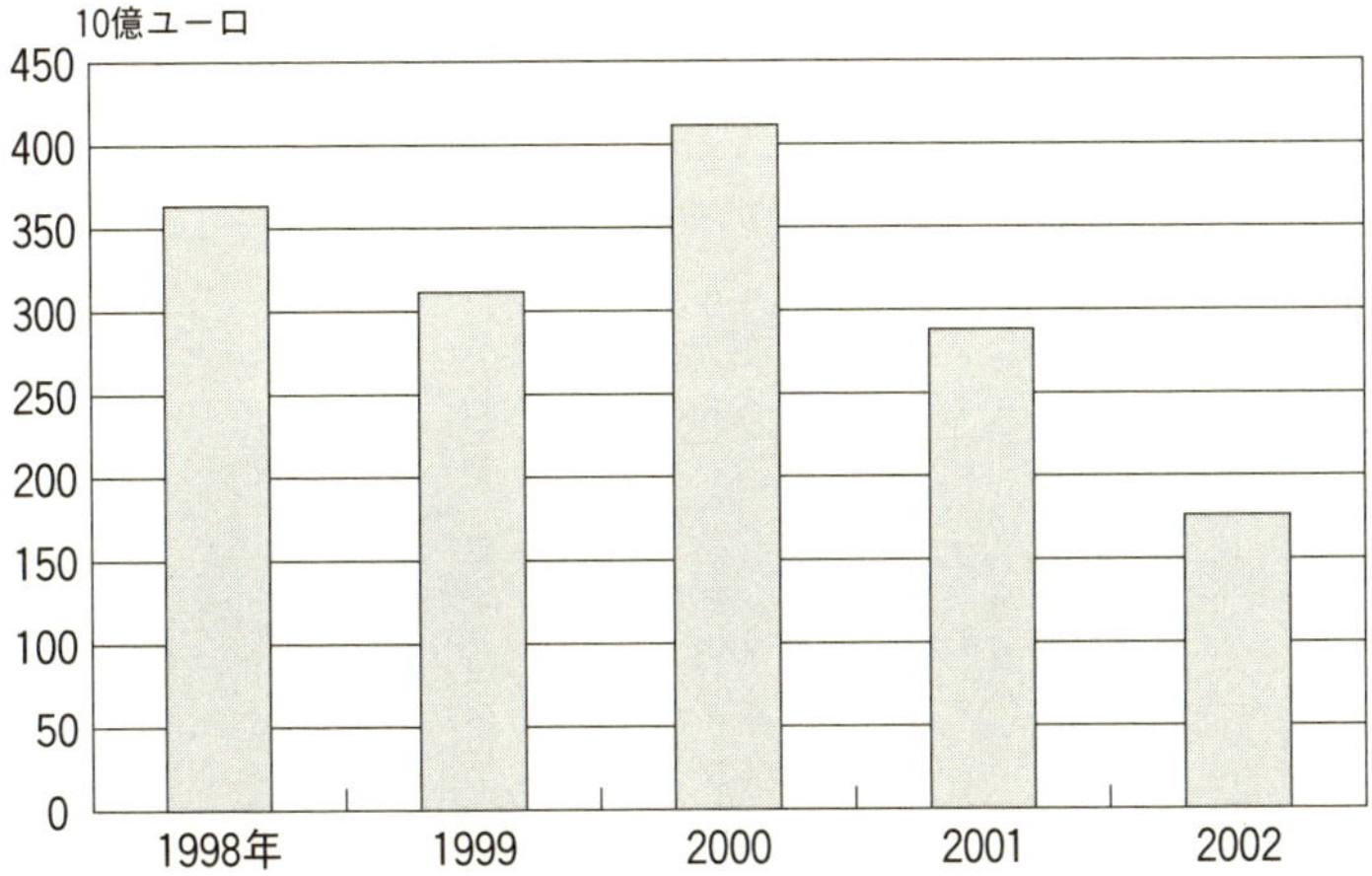

（出所）　欧州中央銀行

図表11　ユーロ圏への証券投資

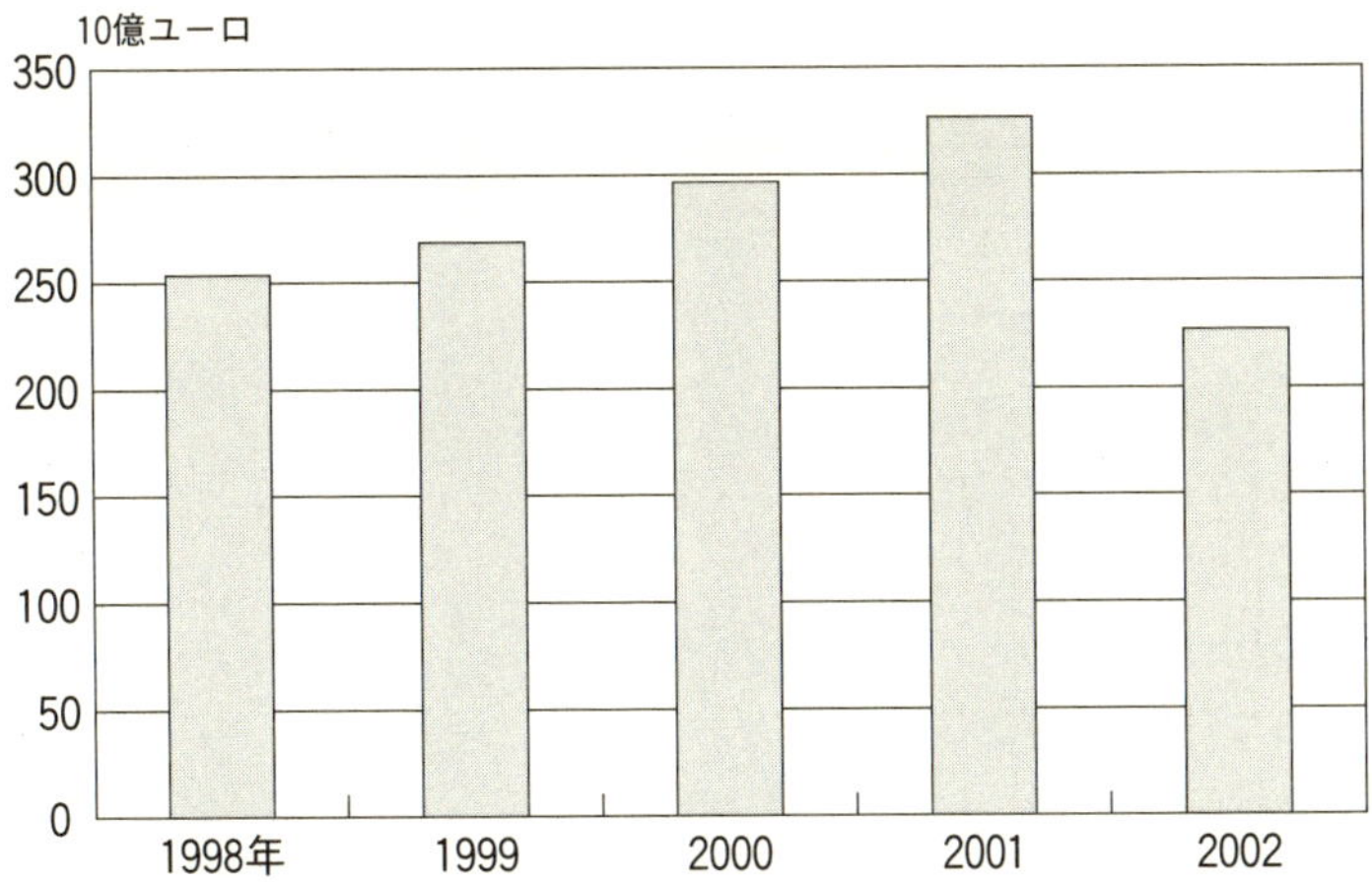

（出所）　欧州中央銀行

図表12　世界の短期国際債発行残高

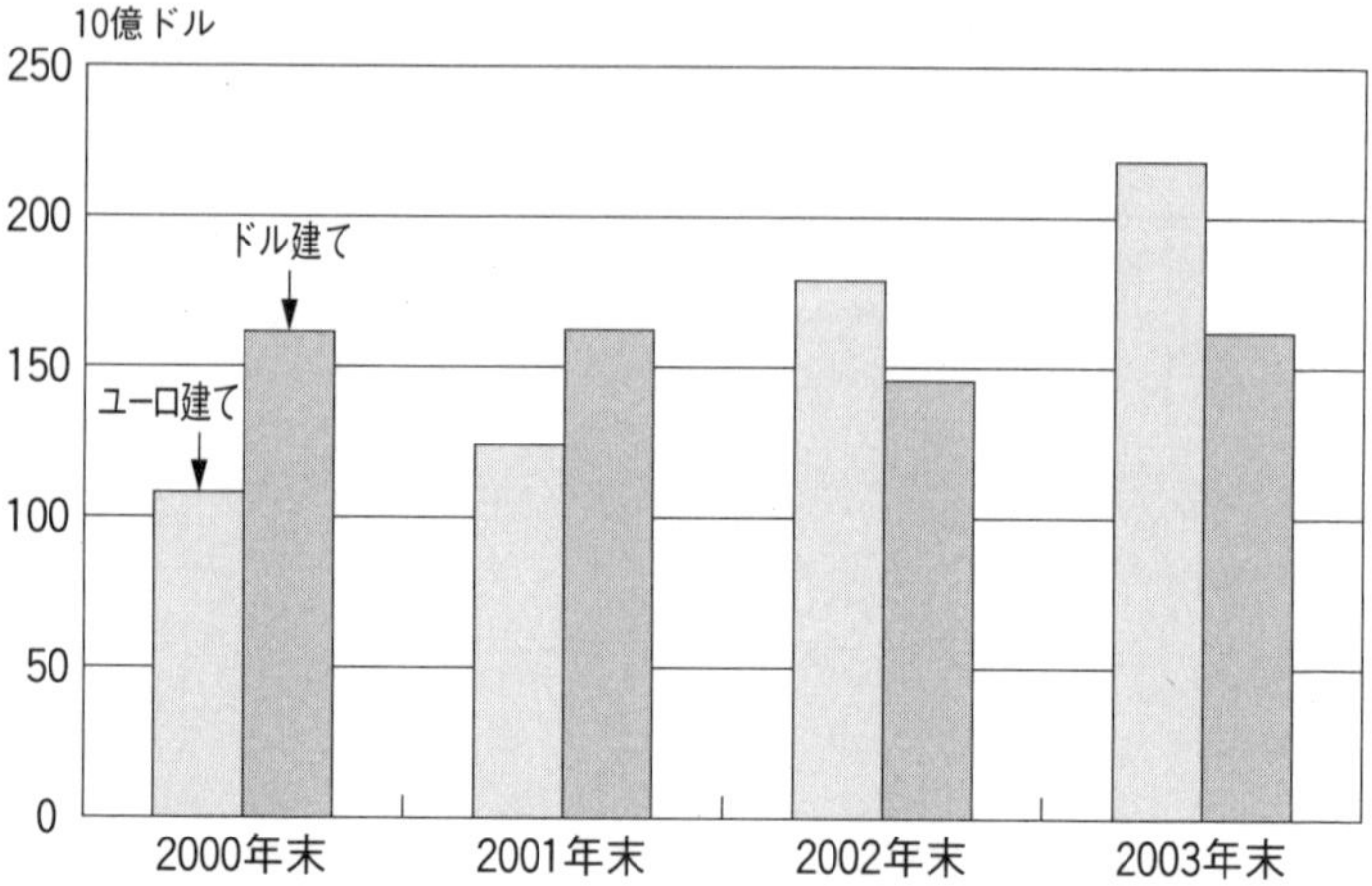

（出所）　BIS

図表13　世界の国際債発行残高

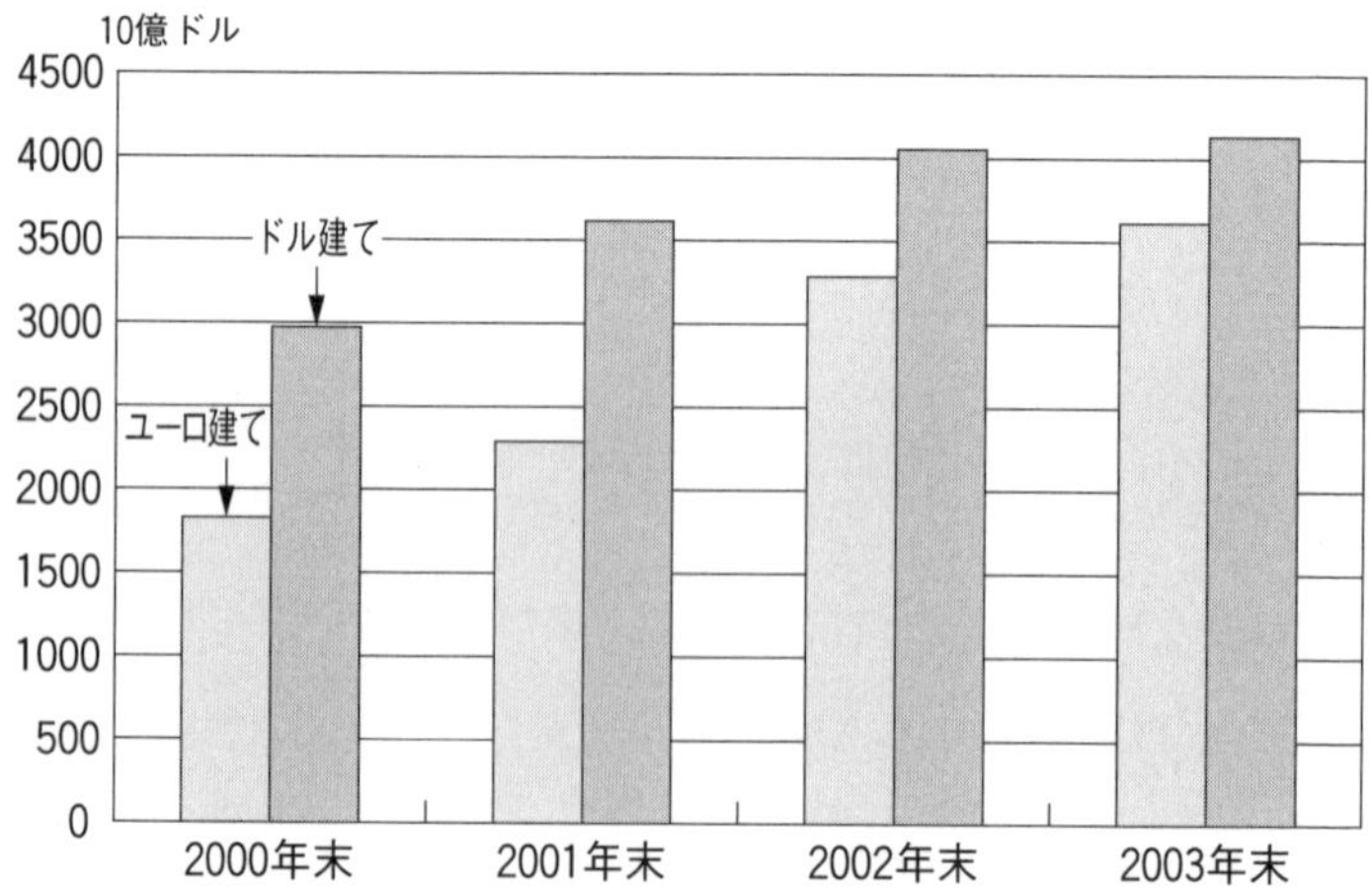

（出所）　BIS

てもドルを確固たる基軸通貨の地位に座らせ続けなければならないと考えるようになった。アメリカが軍事力で世界をねじふせようとするのは、アメリカ・ドルを従前どおり世界でうけとらせるためである。したがって、アメリカが単独行動主義、一国主義をつきすすむのは、アメリカが強大な帝国になったからではなく、経済的な弱さを軍事力でおおいかくすためなのである。

国際通貨ユーロの台頭

アメリカのネットバブルの崩壊にともなって、アメリカからヨーロッパへの資金還流がはげしくなっている。

欧州中央銀行の統計によれば、ユーロ圏からの対外証券投資は、株式が１９９８年１１６２億ユーロ、99年１５６５億ユーロ、２０００年２８７９億ユーロと激増し、このほとんどはネットバブル期のアメリカへの資金流入によるもので、導入直後のユーロ安の大きな原因のひとつであった。それが、２００１年に１０８６億ユーロ02年３７１億ユーロに激減する。債券投資は、１９９８年２３８９億ユーロ、99年１５５０億ユーロ、２０００年１１４６億ユーロ、２００１年１５８７億ユーロと株式ほどの減少はみられないが02年に８～４億ユーロに減少している。

その半面で、ユーロ圏への株式投資は、１９９８年１０４０億ユーロ、99年９２３億ユーロ、２０００年58億ユーロと減少してきたが、２００１年には２３１１億ユーロと激増している。債券投資は、１９９８年１２１６億ユーロ、99年１１７０億ユーロ、２０００年２３２２億ユーロから、２００１年９５０億ユーロに減少している。

ＢＩＳの統計によれば、国際資本市場における債券発行の通貨別シェアで、ユーロ建ては１９９８年の28・１％から99年に38・３％に上昇し、２０００年でも34・２％である。ドルのシェアは、98年51・１％、99年43・８％、２０００年42・３％と低下してきている。

１９９９年１月にユーロが導入されたばかりなので、ユーロがドルに匹敵するような国際通貨になりつつあるという明確な数字はまだない。もしユーロがドルにかわる基軸通貨になるとしても、それは数十年さきのことである。ユーロが導入されて顕著な特徴としてあらわれているのは、ユーロ建て金融資産が増加していることである。アメリカ・ドルの凋落は、まず金融資産選択の通貨としての地位をうしなうことからはじまる。いつ暴落するかわからないドルをいつまでももちつづける投資家はいないからである。

それでも、ユーロは、準備通貨としての地位を急激に高めている。欧州中央銀行の調査によれば、２００１年にギリシャが通貨統合に参加してユーロ圏諸国は12カ国となったが、それ以外に、自国通貨の為替相場をなんらかのかたちでユーロに関連づけてきめる為替相場制度を採用している国や地域は、２０００年末までにじつに世界50カ国以上に増加したという。

中国の外貨準備高は日本についで多く、２５００億ドルにたっしている。ユーロの現金流通がはじまった２００２年1月以降、５００億ドル以上をつみましたが、その大半はユーロ建てのようである。中国のユーロのつみましは、アメリカへの牽制という政治的意図が強いように思われるが、２００１年末に約15％であったユーロの比率をいずれ20〜30％にひきあげる方向にあるという。韓国の外貨準備は２００２年8月末時点で約１２００億ドルと、前年末から約１４０億ドル増加したが、ユーロの比率を高めたので、ユーロは円をぬいてドルにつぐ準備通貨になったようである。

開発途上国の中央銀行が保有する外貨準備に占めるユーロの比重は、ＩＭＦによると通貨統合開始前の98年末に（ユーロ圏諸国通貨でみて）13・3％であったが、２００１年末には15・5％に上昇し、２００２年末には17－18％にたっしたようである。ユーロの国際通貨としての地位は確実に向上しているものと思われる。

第五章

アジア・ヨーロッパ・アメリカ「天下三分の計」をめざす

日本はこれから、明治以来の「脱亜入欧」、第二次大戦後の「脱亜入米」ではなく、「脱米入亜」、「脱米入欧（正確には欧州大陸）」という基本理念ですすむべきであると思う。それは、ひとつは、アメリカが経済的には、あまりにも資本の論理を追求しすぎているからである。金持ちが優遇され、庶民がないがしろにされるだけではない。

経済成長をさまたげたり、企業収益を圧迫する二酸化炭素排出への規制に反対し、地球温暖化防止京都議定書の批准を拒否している。農業でも環境問題や人間の健康にはあまり配慮せず、売れればよいという発想が強い。みずからの農産物を売るために、またコスト削減のために農薬づけにしようが、遺伝子を組替えようが、世界の農業を破壊しようが、環境が破壊されようが、あまり頓着しない。

農業にも冷徹なる資本の論理を貫徹させている。人間の存続にかかわる食料生産に、競争原理をはたらかせるというのは根本的にまちがっている。これまでのところアメリカが競争力を保持している金融業の分野であれば、世界を制覇して問題が生じても経済倫理に反するとか反道徳的だという批判をあびるだけですむ。人類にとって、まだ被害が少ないかもしれない。だが、遺伝子組換え技術の導入により食料が危険なものになったり、食料汚染が深刻化したりすると、まさに人類存続の危機を招来してしまうからである。かくして、資本の論理をあまりに追求しすぎた結果、地球環境が絶望的に悪化してしまうと、最終的には、「神」によって人類が地球から放逐されてしまう。

もうひとつは、残念ながらアメリカに戦争を最大限回避し、世界の平和を徹底的に希求するという姿勢があまりみえないからである。アメリカは、単一通貨ユーロが登場した直後におこったコソボ紛争では、ただちに軍事力・軍事技術の優位性と発言力拡大をめざして過剰な軍事行動をおこなった。アメリカで同時多発テロがおこると、テロリストとテロ支援国家に対してテロ撲滅戦争の「宣戦布告」をおこなった。単独行動主義を明確にし、アメリカに脅威をあたえるとアメリカが判断すれば先制攻撃も辞さないと宣言した。このブッシュ・ドクトリンにもとづいて、国連決議もなしに、２００３年3月20日にイラクに対する事実上の単独攻撃をおこなった。

この有無をいわせずに軍事的に世界を支配下におくというアメリカの行動の本質は、政治的・軍事的には、アメリカへのテロ攻撃を座してまつのではなく、事前にその脅威を断つという理屈によるものであるが、経済的にみれば、これが本質的なことであるが、いままでどおり世界にアメリカ・ドルを文句もいわせずにつかわせることにある。

戦後の１９６０年代についに基軸通貨の地位を獲得したアメリカだけが、その特権を利用して世界から「無償」で消費財を買いまくることができた。そのため、世界にドルがあふれすぎて、ドル暴落の危険性がつねにつきまとっていた。IMF体制のもとでアメリカがドルを金と交換してくれるうちはまだよかったが、1971年のニクソン・ショックでそれができなくなると、ドルへの信任が急速にうしなわれていった。とくに、1999年にドルに対抗しうる国際通貨ユーロが導入されると、ドルの基軸通貨としての地位が危なくなった。そこで、アメリカは、現代における基軸通貨の最大の流通根拠である世界の軍事支配をもくろんでいるのである。

ドルが基軸通貨の地位をおりなければならないのは、歴史的必然である。基軸通貨国にかせられた最小限の義務は、財政収支と経常収支の均衡であるにもかかわらず、アメリカは、5000億ドルにものぼる経常収支の赤字をかかえるばかりか、対テロ撲滅戦争と称して軍備拡張にはしり膨大な財政赤字をだしつつあるからである。国家対国家の戦争ではないのが対テロ対策なのであるから、国連に世界が協力してテロ根絶の行動をとらなければならない。アメリカは、経済的な世界支配などできもしないので、圧倒的な軍事力を背景に世界を軍事的に支配しようとしている。だが、膨大な財政赤字をたれながし、ろくに輸出もせずに国際舞台では紙切れにすぎないドルでアメリカが世界から買いまくるだけでは、当然、世界は、ドルをつかわずにユーロをつかうようになるであろう。そうすれば、アメリカ経済はあっというまに崩壊する。

アメリカ型民主主義はすばらしいのでそれを世界に普及する、市場原理主義こそ最高の経済原理なのでグローバリズムの名のもとに世界に定着させるなどということはまったくよけいなお世話である。軍国主義の日本がアメリカとの戦争で負けて、アメリカ型民主主義をありがたがってうけいれ、「経済大国」にまでのぼりつめたことに味をしめたのであろうか。鬼畜米英と信じこまされていた日本国民が戦争で負けた途端、アメリカのひとつの州にしてくれといったり、アメリカ物真似の千葉にある東京ディズニーランドに市民がおしよせる国など、日本以外にはない。

日本は、これからどうしたらいいのであろうか。私は、ヨーロッパにおけるフランスのように対米依存から脱却し、アジアのなかで生きていく道を模索すべきであると思う。そのために、早急にアジア共同体結成にすすむべきである。とりあえず、アジア通貨の安定のためにアジア通貨制度（ＡＭＳ）を構築することからはじめる。欧州通貨統合からヨーロッパ連邦という壮大なビジョンをかかえてすすむＥＵのように、日本も壮大な21世紀のビジョンをつくりあげていくことが肝要である。そして、アジア共同体は、アジア諸国民の全般的な生活水準の向上と環境保全に全力をつくす必要がある。

最終的には、ヨーロッパ共同体がヨーロッパ連邦、アジア共同体がアジア連邦、北米自由貿易協定（NAFTA）を発展させた南北アメリカ共同体がアメリカ連邦となれば、ここに「天下三分の計」が完成する。そうすれば、アメリカがその卓越した軍事力を背景にろくに生産もせずに消費しまくり、世界にドルをばらまいてドル危機を招来し、それを回避するために世界の軍事支配をめざすということもなくなる。

それぞれの連邦が連邦内のバランスのとれた経済成長と環境保全に責任をもち、三連邦がそれぞれ協調しながら地球の持続的発展に貢献していく方向にすすめば、世界平和だけでなく環境と人類との調和が実現する。

Ⅰ．アジア共同体の結成

(1) 日本にとっての共同体

平成大不況の根本原因は、バブル崩壊とともに銀行がかかえた膨大な不良債権である。したがって、この問題が抜本的に解決できれば、平成大不況はとりあえず終結する。しかし、そのことによって、日本経済が長期的な成長軌道にのることはない。

なぜならば、平成大不況がデフレというあらたな事態をともなっていることの原因を除去しなければならないからである。すなわち、平成大不況の根底には、１９８０年代から90年代にかけて急激におこなわれた対外直接投資の結果としてのいわゆる産業の空洞化が存在しているからである。従来、日本国内での旺盛な設備投資によって経済成長をしてきたが、１９８０年代にアメリカやヨーロッパに、90年代になると東アジアへの企業進出・設備投資が本格化したので、国内経済が活性化するはずなどない。

デフレは、１９９０年代末から日本で生じたが、それは、90年代に大いに進展した規制緩和で価格が低下してきたこと、ＩＴ(情報技術)が産業に投入されることによって生産性が向上したこと、円高基調がすすみ輸入物価が下落してきたこと、中国が市場経済を導入して、低賃金による低価格製品が大挙して日本にはいってきたことなどによるものである。

しかしながら、中国の世界市場への参入、中国での生産の拡大というのは、日本企業にとって、コスト削減効果によって収益が拡大する要因になるだけである。したがって、この要因は、物価が安定することに貢献するだけで、何年も持続的に消費者物価が下落しつづけるという深刻なデフレをもたらすものではない。深刻なデフレの根本的原因は、「恐慌」にちかい深刻な不況で個人所得・消費が激減するとともに、膨大な財政赤字によって福祉がきりさげられ、国民が老後の不安から貯蓄にはげむので、個人消費が極端に冷えこんでいることにある。

産業の空洞化は、東アジア諸国に直接投資が殺到すれば深刻になっていく。１９６０年代から本格的に直接投資を拡大してきたアメリカでは、産業の空洞化がすすんできた。その半面で多国籍企業は、アメリカ経済のグローバル化の先兵の役割をはたしてきた。日本企業は、大規模な海外直接投資をおこなってきたが、いまだに国際化・多国籍企業化できないでいる。ここに大きな問題がある。

日本企業の国際化というのは、円高を回避するために海外で生産をおこなったり販売したりというのがほとんどであるし、金融機関の国際業務というのも海外進出企業に金融サービスを提供するというものにすぎないからである。したがって、国際展開によって収益をあげるアメリカの多国籍企業や国際金融市場で金融収益をあげるアメリカの多国籍銀行にとって、日本企業はもちろんのことドイツ企業もとうてい競争相手ではない。したがって、ドイツのように地域統合に参加するしかないのである。

日本がアジア共同体の結成を推進しなければならないというのは、ひとつは、そうしなければ、アメリカ企業だけでなく、アメリカ金融資本とも互角にはたたかえないからである。経済共同体を結成せずにアメリカ型の経済・金融システムを導入すれば、アメリカ企業や金融資本のくいものにされてしまう。金融ビッグバン以降の日本をみればそれは一目瞭然である。金融自由化によって、多くの日本の金融機関はアメリカ金融資本に超安値で買いたたかれている。膨大な血税を投入して健全にした銀行をただ同然でアメリカのファンドに売却している。だから、ヨーロッパは、戦後一貫して経済統合をすすめ、アメリカ企業や金融資本から市場をブロックしてきたのである。

もうひとつは、1980年代までの日本の対外直接投資は、アメリカやヨーロッパにおける現地生産によって貿易摩擦を回避する目的でおこなわれたので自動車などの組み立て産業が中心であったが、90年代の東アジアへの直接投資は、日本の主要生産部門がコスト削減のためにおこなわれたからである。80年代まで日本の再生産構造はある程度まで自立的なものであったが、90年代には、東アジアが日本の生産部門をになうようになってきた。

したがって、東アジア規模での経済循環ということを考えなければ、日本の生産構造がなりたたなくなっている。経済の国際化がここまですすんでいる資本主義の現段階において、一国レベルで自立的な再生産構造を構築することは不可能になっている。だから、アメリカも必死になってドルを基軸通貨の地位にいすらわせ、世界からものを買いまくろうとしているのである。アメリカは、国民の消費に見合う商品を生産できないからである。

アメリカは、ネットバブル型経済成長のあとは、ふたたび軍事経済による経済成長路線に転換した。日本がこのままアメリカ依存型経済をすすめて、軍事経済に転換すれば悲惨な結末がまっている。したがって、日本は、ヨーロッパのように市場拡大型経済成長を希求しなければならない。アジア共同体を結成し、アジア経済全体をかさあげするために日本の経済力を役立てることができれば、日本もある程度の経済成長を実現することができる。

さらに重要なことは、アジア共同体を結成することによって、アジア全体の環境保護に全力でとりくまなければならないということである。アジア諸国は、国民の生活水準をひきあげるために工業化をさらにすすめていくであろうが、地球環境に十分配慮することはむずかしい。そのような余裕がないからである。したがって、日本の経済・資金力だけでなく環境技術を投入することによって、東アジア諸国の環境保全を配慮した経済成長が可能となる。

(2) 共同体の概要

アジア共同体は、まず貿易の自由化からはじめられるが、アジア通貨制度を早急に実現するのがよい。中心レートを設定して通貨変動幅を狭くすることに成功すれば、経済も安定的に発展する。

もうひとつ、ヨーロッパではついに実現しなかったが、アジア共同体特有の問題として、どうしても防衛共同体の設立が不可欠である。日本が第二次大戦時における戦争犯罪にきっちりと謝罪していない以上、東アジア諸国は、けっして日本の再侵略の脅威から解放されないからである。日本がいまさらそんなことするわけがないといっても、それはあくまで日本人の主観にすぎない。したがって、防衛共同体を結成して、各国軍隊がそんなに勝手に行動できないようにすればいいのである。実現の可能性はともかく、追求する価値はあろう。ドイツがNATOの枠組で再軍備をゆるされ、その枠組でしか軍事行動ができないようになっていることを踏襲（とうしゅう）すべきである。

経済面からすると、アジア共同体では、中国・台湾・韓国が生産部門、日本がハイテク・軍事技術、香港、シンガポールが金融業をになうという分業体制でいくのがいい。貿易も自由化される。そのために、まず中心レートを設定して各国通貨を上下5％程度の変動幅におさえるアジア通貨制度をすぐに設立したほうがいい。

アジア通貨危機の最大の要因は、日本と経済的つながりが緊密であるにもかかわらず、円ではなくドルにのみリンクしていたことにある。通貨安定のために、大規模な介入資金プールのシステムをつくり、ここに日本がいままでためこんだ膨大な外貨を拠出すれば、機敏な為替介入が可能となる。そうすれば、介入資金であるドルが枯渇して、ドル・リンクから離脱せざるをえなかったタイ経済危機のようなことはおこらなくなる。

そして、アジア共同体構成国の経済的な収斂をすすめて通貨統合を実現することで経済統合は完結する。そうすると、中国が経済的には域内市場になる。アジア共同体とアジア通貨制度を構築することによって、いままでのような元安誘導の経済運営は必要なくなる。

中国は、元を円に対して安く設定することで日本に大量の輸出をしている。アメリカやヨーロッパに対してもそうであるが、これが中国の経済成長を促進している大きな要因のひとつである。中国の賃金が日本の五分の一、十分の一のうえに、元の為替レートが安く設定されているのであるから多くの日本の産業が負けるのはあたりまえであるし、製品価格が下がりデフレがさらに深刻化していくのはしかたのないことである。

とくに、１９９０年代末からデフレ傾向が顕著になったのは、不況の深刻化によってものが売れないのでますます安くする、そのためにますます中国で生産するという傾向が顕著になったからである。日本企業は、中国に１９８０年代から直接投資をはじめたが、当初は中国製品の質も低かった。その後、技術移転と技術指導がすすむことで製品の質が飛躍的に高まった。いいものが安くつくれるのだから中国からの製品「移入」が増大するのは当然のことである。半面で日本国内製造品は、長期不況であまり売れなかった。

本来、一国の恐慌であれば消費が激減するので、国内企業は、少しでもいいものを安く売ることで生きのびる。それができない企業が倒産することで、経済が効率化・活性化し、経済の質がさらに高まっていく。平成大不況では、この恐慌機能がいささか「グローバル化」した。

中国製品が安いだけではだめになった。日本で不況が深刻化すればするほど、品質も日本製品なみにならないと、日本ではとうてい売れなくなったからである。結局、恐慌作用が中国市場で最大限機能した。皮肉なことであるが、日本の平成大不況が中国の国際競争力強化にいちじるしく貢献したのである。だから、日本は、ものづくりにおいて中国を凌駕しようなどということは考えてはならないし、いまさら不可能なのである。

アジア共同体において為替相場安定システムが構築できれば、共同体内部の分業体制が確立し、域内貿易が飛躍的に増大する。為替を極力安くして輸出拡大をはかる必要もなくなる。中国から安いものがどんどんはいってきて、日本の消費者物価下落がさらにすすみ、デフレが深刻化するということはなくなる。中国における賃金水準は、経済が成長すれば上昇傾向をしめすようになるからでもある。

中国で安くていいものがつくれるのであれば、日本はそうしてもらえばいい。一方で日本は、欧米とはりあって、ハイテク技術開発やナノテクノロジー・バイオテクノロジー開発をすすめたり、膨大な金融資産をアジア経済の発展のためにつかえばいい。ひとびとは、ゆったりとした敷地に住んで、野菜を作って暮らせばいいではないか。文化的な地方都市をつくりあげれば、文化・芸術に親しむ生活もできる。

アジア共同体は、アジア開発、ロシアと協力してシベリアの資源開発、中国東北部の開発に全力をつくす。開発といっても資源開発だけでなく、地球環境保護のために、緑化とか自然を破壊しないかたちでの農業の推進などをおこなうのがいい。そのために、日本の技術はどうしても必要なのである。戦前の日本は、軍事力によって東アジア諸国に進出・侵略したが、現在は資本による開発がおこなわれる。だから、日本は、いまこそ明治以来の「拝欧(米)主義」からきっぱりと決別しなければならないのである。

Ⅱ．「天下三分の計」

(1) 進展する地域統合

ＥＵが通貨統合まですすみ、自立的経済圏の構築をすすめていることに触発されて、ヨーロッパ以外の地域でも地域統合のうごきが急速にすすんでいる。たとえば、アフリカ連合の誕生、南米共通市場創設の合意、アジアにおける自由貿易協定（ＦＴＡ）のひろがりなどである。

植民地の独立の支持などを目的にして１９６３年に設立されたアフリカ統一機構（ＯＡＵ）が２００２年7月8日に最後の首脳会議を開催し、9日にあらたにアフリカ連合（ＡＵ）として生まれかわった。ＡＵは、アフリカ大陸53カ国、8億人をかかえる国家連合である。

ＡＵは、非人道的犯罪や紛争などの解決のために、独自に平和維持軍を編成して派遣する機能をもっている。

１９６３年に設立されたＯＡＵは、エリトリア、エチオピアの国際紛争などを解決したものの、各国の内政への介入はおこなわなかったためにクーデターや紛争がたえなかった。独裁政権に対しても、有効な手だてをこうずることができなかった。ＡＵはこのような反省のうえに、より大きな影響力を行使できるようになる。ＡＵは、首脳会議、閣僚会議、各国のＡＵ代表者会議、事務局からなっており、いずれＥＵのように、議会や裁判所の設置、通貨の導入などをめざすことになっている。

ブラジルやアルゼンチンなど６ヶ国が正式あるいは準加盟する南米南部共同市場（メルコスル）の首脳会議が２００３年６月18日にパラグアイの首都アスンシオンで開催され、２００６年までに共通市場の創設をめざすことで合意した。１９９５年に設立された南米最大の経済同盟であるメルコスルは、一部の品目をのぞいて域内関税を撤廃し、域外共通関税をもうけた経済同盟である。これを共通市場の創設というかたちで南米での経済統合をすすめ、アメリカへの発言力を強めるのがねらいといわれている。

アメリカは、すでに北米自由貿易協定（ＮＡＦＴＡ）を発足させているが、キューバをのぞく南米・北米大陸を対象にして、米州自由貿易圏（ＦＴＡＡ）を２００５年末までに発足させることをめざしている。これに対して、南米諸国は、アメリカの農業補助金政策の撤廃がＦＴＡＡ設立の前提条件であるとして反発している。したがって、南米諸国の共通市場の設立には、アメリカとの交渉を有利にすすめるねらいがあるといわれている。

アジアでは、二国間などの貿易自由化をすすめる自由貿易協定（ＦＴＡ）が急速に広まっている。中国は、２００１年11月に東南アジア諸国連合（ＡＳＥＡＮ）との間でＦＴＡの締結を提案した。２００３年にはいって、２０１０年にＦＴＡを締結する交渉をおこなうことで合意し、その第一弾として、２００３年10月に中国とタイが約２００品目の農産物関税を相互に撤廃することになった。中国は、政治的に対立していたインドともＦＴＡ締結にむけた協議をおこなっている。

しかしながら、日本がＦＴＡを締結しているのはシンガポールだけである。それは、アジア諸国とのＦＴＡは、農産物市場の開放につながると消極的だからであって、農業の存在しないシンガポールだから締結できたのである。こんなことで、アジア共同体などできるはずがない。

(2)「天下三分の計」の概要

通貨統合の実現したヨーロッパでは、政治・軍事統合がすすみつつあり、いずれヨーロッパ連邦が結成されるであろう。すでにＥＣ／ＥＵでおこなわれているが、このヨーロッパ連邦は、主要国とそうでない国の間で富の移転がさらに徹底しておこなわれ、相対的におくれた国の生活水準が上昇している。これもＥＣ／ＥＵがすでに積極的におこなっているが、環境保全がさらにすすめられるであろう。環境保全というのは、ある程度、経済力が強化されてから真剣にとりくまれるので、経済力の向上は、環境保護の大前提である。

このヨーロッパ連邦には、いずれ東欧とアフリカがはいり、ヨーロッパ・アフリカ連邦となるかもしれない。もしかしたらオセアニアもはいって、ヨーロッパ・アフリカ・オセアニア連邦ということになるかもしれない。ロシアも冷戦崩壊直後の混乱を脱して、ようやく経済的な安定をとりもどしつつある。ヨーロッパ連邦には、ロシア全土ではなく、ヨーロッパ部分だけでいいのではないだろうか。ヨーロッパからアジアまで国土をもつロシアは、国民経済としては効率的ではないからである。

アジアでは、アジア共同体から通貨統合、そして、アジア連邦の方向に、アメリカは、南北アメリカ連邦という方向ですすめば、結局、世界は三大連邦に集約される。シベリアなどのロシアのアジア地域は、日本がロシアから購入するか、あるいは、地代を払って租借して、アジア共同体に編入したほうがいい。そうすれば、アジア連邦は、アメリカ連邦やヨーロッパ連邦と経済的・資源的には互角になるだろう。

こうして、三大連邦が構成されて、それぞれの勢力が均衡していくことがきわめて重要である。経済規模・経済力、大企業の国際競争力、軍事力、軍事技術や科学・技術などの点で、三大連邦間で熾烈な競争が展開されるからである。そうすれば、冷戦以降、あらゆる面で一人勝ちの様相をていし、自分のいうことをきかない国は武力で黙らせるごとく傍若無人にふるまっているアメリカのような行動は許されなくなる。とくに、温暖化防止条約の批准拒否などとんでもないことである。企業は競争がないと堕落していくが、国家もおなじである。

同時に、みずからは農産物以外にはあまり消費財の生産をせずに、世界からドルという「紙切れ」で買いまくるということはできなくなる。国家予算の大部分を軍事費に投入し、世界最強の軍事力を装備し、非生産的な金融業務でかせぎまくるアメリカは、その軍事力を背景にしてドルを世界にうけとらせた。

フランスがアメリカ並みの軍事技術をもてなくなったのは、ＥＵのなかで国民の生活水準の向上とものづくりに励んできたからである。アメリカは、消費財産業をすてて軍事技術開発に専念してきた。その結果、不必要なまでに軍事技術が開発された。冷戦が終結した現在、軍事力は、テロリストを撲滅でき地域紛争を解決できる程度のもので十分である。

より優秀な軍事技術をもつとどうしても実験したくなるから、もたないほうがいい。これからは、軍事技術開発ではなく、自分達の共同体国民全体の生活水準引き上げのために経済・技術力を向上させなければならない。膨大な軍事予算をかけて強力な軍隊をもつと経済成長を阻害する。

「天下三分の計」が完成すれば、アメリカの軍事力・軍事技術は急速に弱体化していく。というのは、いままでのように、「紙切れ」のドルを世界が簡単にはうけとってくれないので、南北アメリカ連邦は、ヨーロパ連邦やアジア連邦との経常収支の均衡をはかるために、ものづくりに励まなければならなくなるからである。

世界三連邦国家を構築するといっても、当然のごとく、各国の自主権は尊重される。連邦政府がおこなう仕事は外交、司法、軍事、環境保全の政策立案・実行、国々の調整だけである。もちろん、各国の選挙で選ばれた連邦議会議員によって構成された連邦議会が立法権をもち、連邦大統領は直接選挙で選出される。

連邦は、連邦内の治安の維持、環境保全、経済発展に責任をもつ。連邦に所属する国々のバランスのとれた経済発展、経済的にみて相対的におくれた国の生活水準引き上げのために経済政策を遂行する。人間は貧しいからいさかいをおこす。「文明の対立」の根源は貧困問題である。民族・宗教対立ももちろんあるが、生活がほんとうに豊かになることでかなり紛争は回避できるだろう。

この三つの連邦が国際間の平和と安全、地球的規模での環境保全、企業間の健全な競争による地球的規模での経済成長と経済の効率化をはかる。連邦内での紛争は連邦が可能なかぎり平和裏に解決する。かくして、21世紀にようやく、平和でほんとうに豊かな、そして環境が保全された世界が人類史上はじめて地球上に登場する。

あとがき

アメリカとイギリスによるイラクへの大規模攻撃は、２００３年5月1日に終結した。フセイン独裁政権による圧政から市民が解放され、ようやくイラクにも平和と民主主義がおとずれ、生活も安定するはずであった。しかしながら、アメリカによる大規模攻撃が終結しても「対テロ戦争」であるイラク戦争は、いっこうに終結しない。それは、ハイテク兵器を駆使して空爆を徹底的におこない、地上戦においてイラク正規軍を殲滅(せんめつ)したら戦争が終結し、イラクを平定できる考えたアメリカの戦略的誤りによるものである。

世界でならぶものなき軍事力をそなえたアメリカと正規軍が正面から対峙したら、木っ端みじんに粉砕されることはあまりにもあきらかである。だから、イラクの旧政権は、ゲリラ戦にもちこむ戦術をとったのである。旧政権軍が征服をぬぎすてて市民にまぎれてアメリカ軍を襲撃するのであるから、アメリカ兵もたまったものではない。疑心暗鬼になってアメリカ兵が市民に発砲する事件が続発しているのはそのためである。また、アメリカを敵視する国際テロリスト集団もイラクに終結し、アメリカ軍へのゲリラ戦を展開しているといわれている。

アメリカのブッシュ政権は、イラク大規模攻撃は数週間のうちに終結し、数ヶ月でイラクを平定できると豪語し、国際世論のすさまじい反対をおしきって攻撃にふみきった。たしかに、大規模攻撃は短期間で終結したものの、かんじんのイラク平定は半年たってもたついている。イラク全土で1日20件以上のアメリカ軍への攻撃がおこなわれ、アメリカ兵の犠牲も激増した。イラク市民の犠牲者も1万人にのぼるともいわれている。そうすると、アメリカ国内でそれまでタブー視されていたイラク戦争批判が公然とでてくるようになってきた。

しかも、そもそもイラク攻撃の大義としてもちだされたフセイン政権の核兵器保有というのが、ブッシュ政権によって情報操作されたものであるという疑惑がでてきた。イラク核疑惑の調査にあたったアメリカの元駐ガボン大使は、2003年7月6日のニューヨーク・タイムズ紙に寄稿して、ブッシュ政権は「イラクの脅威を誇張するために、核兵器開発をめぐる情報をねじまげたとしか考えられない」と告発した。このアメリカ政府批判に報復するために、大統領の側近が元駐ガボン大使夫人がアメリカＣＩＡ工作員であったとマスコミにリークしたのではないかという疑惑が浮上してきた。ＣＩＡ工作員であることを暴露したとすれば、連邦情報保護法違反である。大義なきイラク戦争を強行し、みじめに「失敗」しつつあるブッシュ政権一部の「腐敗」は、きわめて深刻なものであるといわざるを得ない。

アメリカ兵の犠牲が激増し、イラク平定に手まどるとともに、膨大な統治資金が必要になると、とうとうブッシュ大統領は、国連に協力を要請したが、２００３年９月に開催された国連総会において、ブッシュ大統領は、じっと「がまん」をしいられた。23日に国連のアナン事務総長が大統領の面前でつぎのような演説をおこなったからである。

「(テロリストや秘密組織などからの)大量破壊兵器による攻撃が、いつ何時でも、警告なしにおこりうるので、(これらへの)先制攻撃の権利と義務を有し、自国外や開発中の兵器システムに対しても行使できると考える国があらわれた。国連安全保障理事会の同意をまたずに、単独で行動したり、その場かぎりの連合をくんだりする権利をもっと主張している。この論理は、世界の平和と安定を、完全とはいえないまでも58年間維持してきた国連憲章に対する根本的な挑戦である。」

特定の国をここまで徹底的に批判する演説もめずらしいが、国連の枠組でのイラク復興が不可欠であるのでブッシュ大統領は、だまってきいているしかなかった。結局、国連によるイラク復興がすすむことになるであろう。イラク攻撃に徹底して反対したフランスやドイツも、ブッシュ大統領への責任追及はあまりおこなわなかった。ブッシュ大統領が国連総会で演説し国連に支援を要請したからである。アメリカ大統領が国連に「頭を下げた」ということになるからであろう。

このように、国連憲章を無視して勝手に先制攻撃をおこなう帰結が白日のもとにさらされたことは、世界史的にみても画期的なことである。どれだけ強大な軍事力をもってしても、主権国家をうちたおし、自分の都合のいい国につくりかえるなど世界史の現段階ですら不可能であることをひとびとにみごとに知らしめたからである。これによって、アメリカが単独行動主義・一国主義を放棄して、世界平和を実現しひとびとを真に豊かにするために、国連と協力していくようになることが大いに期待される。

こうしたなかで、2003年10月2日にロシアのイワノフ国防相が「軍事力近代化の公開ドクトリン」を公表した。これは、ロシアと同盟国の国益にかなうのであれば、先制攻撃を完全には排除しないし、戦略抑止力(核兵器)を限定利用する可能性を排除しないというものである。先制攻撃が悲惨な結末をむかえることは実証ずみであるし、事実上の核兵器である劣化ウラン弾が湾岸戦争、イラク攻撃で使用され、イラク兵や市民だけでなくアメリカ兵にも深刻な被害をあたえていることを想起すれば、このロシアの先制攻撃論もどうしても放棄させなければならない。

イラク戦争の事実上の「失敗」によって、アメリカの単独行動主義は破綻した。アメリカ民主主義を世界に普及し、すさまじい軍事力で世界を支配できれば、アメリカ大企業と金融資本が世界各国で膨大な利益を安定的に確保できるようになるし、アメリカが購入する膨大な財・サービスへの支払いを「紙切れ」のドルで支払っても世界のだれも文句はいわなくなる。イスラエルに敵対する国もなくなるし、環境保全のために石油をつかうなとか軍備を拡張して軍需産業をもうけさせるなどという国もなくなる。21世紀は、テロと対テロ戦争、先制攻撃戦争という20世紀以上の凄惨な時代になる可能性があったが、イラク戦争の帰結は、その悲惨な行く末がかろうじて回避されたのではないかという希望をひとびとにもたらしたであろう。

アメリカに匹敵するＥＵ（欧州連合）が通貨統合を実現した。いままで経済力でも超絶的なものであったので、アメリカは、ドルを基軸通貨として世界で使用した。基軸通貨なので貿易収支・経常収支の赤字が膨大なものになっても頓着する必要がなかった。世界にドルがばらまかれすぎて減価（ドル安）してきたが、冷戦期には、その被害をヨーロッパも日本もあまんじてひきうけてきた。しかし、ヨーロッパはもうがまんならんとして、１９９９年にとうとうユーロを導入した。かくして、このイラク戦争を契機にして、ヨーロッパは、ドルの基軸通貨としての役割を終了させるべく行動するようになるであろう。

ドルの基軸通貨としての役割が終了するということは、外国から輸入する資金を輸出で確保しなければならないということである。すなわち、アメリカは、国民の消費にみあうような消費財生産に専念し、鉱工業生産において国際競争力を強化する努力をしなければならなくなるということである。世界にならぶもののない軍事力をもつような余裕はなくなる。21世紀の軍事力は、テロリストに対処したり地域紛争を解決できるくらいで十分である。ＥＵ（欧州連合）は、通貨統合などの質的深化や外延的拡大によって諸国民の生活水準の向上、環境保全や都市整備によるすみやすい住空間の整備に全力を投入している。だから、国民生活にとってなんの役にもたたない軍事費をあまり増やすことはできない。

アメリカによる世界支配の野望が破綻した以上、21世紀には、巨大な地域統合がすすむことになると思われる。アメリカは、ユーロ導入によって統合ヨーロッパから通貨的に排除された。アメリカにのこされた経済圏はアジアだけである。しかし、アジアのアメリカ依存は、アジア通貨危機の教訓などからもなるべく解消したほうがいい。したがって、アメリカが南北アメリカ、日本・中国がアジア、フランス・ドイツがヨーロッパを「経済圏」にしたうえで、政治統合して連邦国家を結成し、それぞれの連邦国家の平和と経済成長、環境保全に全力をつくすのがよい。貧しさがある程度解消されることで、テロの温床が少しずつ除去されていくからである。したがって、強大な軍事力が必要なくなる。21世紀こそ、平和でほんとうに豊かな世界が実現してほしいものである。

著者略歴

相沢幸悦（あいざわ　こうえつ）

1950年９月　秋田県生まれ。慶應義塾大学大学院経済学研究科博士課程修了。長崎大学経済学部教授歴任の後、埼玉大学経済学部教授、現在に至る。

主要著書

『欧州最強の金融帝国　ドイツ銀行』（日本経済新聞社）、『日銀法二十五条発動』（中公新書）、『ユニバーサル・バンクと金融持株会社』（日本評論社）、『ヨーロッパ単一通貨圏』（東洋経済新報社）、『日本の金融ビッグバン』（NHK 出版社）、『日本型金融システムを求めて』（東洋経済新報社）、『ユーロは世界を変える』（平凡社新書）、『平成大不況―長期化の要因と終息の条件―』（ミネルヴァ書房）、『現代資本主義の構造改革―危機をいかに克服するか』（ミネルヴァ書房）、『日本経済再生論―ドイツの生き方に学ぶ』（同文舘出版）

ユーロ対ドル
――アメリカ単独行動主義とその破綻の構造

平成十五年十一月十五日　第一刷発行

著者　**相沢幸悦**

発行所　株式会社　**駿河台出版社**
発行者　井田洋二
101-0062　東京都千代田区神田駿河台三丁目七番地
電話○三（三二九一）一六七六
振替○○一九○―三―五六六六九番

ISBN4-411-00353-8 C0031 ¥2300E